Оксана Рыженко

Дача моей мечты

Оксана Рыженко

# Дача моей мечты

Советы садоводам о благоустройстве дачи

**Bloggingbooks**

**Impressum / Выходные данные**

Bibliografische Information der Deutschen Nationalbibliothek: Die Deutsche Nationalbibliothek verzeichnet diese Publikation in der Deutschen Nationalbibliografie; detaillierte bibliografische Daten sind im Internet über http://dnb.d-nb.de abrufbar.

Alle in diesem Buch genannten Marken und Produktnamen unterliegen warenzeichen-, marken- oder patentrechtlichem Schutz bzw. sind Warenzeichen oder eingetragene Warenzeichen der jeweiligen Inhaber. Die Wiedergabe von Marken, Produktnamen, Gebrauchsnamen, Handelsnamen, Warenbezeichnungen u.s.w. in diesem Werk berechtigt auch ohne besondere Kennzeichnung nicht zu der Annahme, dass solche Namen im Sinne der Warenzeichen- und Markenschutzgesetzgebung als frei zu betrachten wären und daher von jedermann benutzt werden dürften.

Библиографическая информация, изданная Немецкой Национальной Библиотекой. Немецкая Национальная Библиотека включает данную публикацию в Немецкий Книжный Каталог; с подробными библиографическими данными можно ознакомиться в Интернете по адресу http://dnb.d-nb.de.

Любые названия марок и брендов, упомянутые в этой книге, принадлежат торговой марке, бренду или запатентованы и являются брендами соответствующих правообладателей. Использование названий брендов, названий товаров, торговых марок, описаний товаров, общих имён, и т.д. даже без точного упоминания в этой работе не является основанием того, что данные названия можно считать незарегистрированными под каким-либо брендом и не защищены законом о брендах и их можно использовать всем без ограничений.

Coverbild / Изображение на обложке предоставлено: www.ingimage.com

Verlag / Издатель:
Bloggingbooks
ist ein Imprint der / является торговой маркой
OmniScriptum GmbH & Co. KG
Heinrich-Böcking-Str. 6-8, 66121 Saarbrücken, Deutschland / Германия
Email / электронная почта: info@bloggingbooks.de

Herstellung: siehe letzte Seite /
Напечатано: см. последнюю страницу
**ISBN:** 978-3-8417-7257-2

Copyright / АВТОРСКОЕ ПРАВО © 2013 OmniScriptum GmbH & Co. KG
Alle Rechte vorbehalten. / Все права защищены. Saarbrücken 2013

# Содержание

| | |
|---|---|
| Содержание | 1 |
| Вступление - Давайте знакомиться! | 3 |
| Газон своими руками | 5 |
| Готовим газон к зиме | 8 |
| Альпинарий | 9 |
| Японский сад | 12 |
| Искусственный водоем | 14 |
| Компост | 15 |
| Выбираем ограду для участка... | 17 |
| Живые изгороди | 20 |
| Правильно сажаем живую изгородь | 25 |
| Растения, пригодные для формирования живой изгороди | 26 |
| А у нас - водопровод! Вот! | 32 |
| Королевы сада – розы | 35 |
| Создаем лучшие условия для Королев сада – роз | 38 |
| Давайте размножим розы | 40 |
| Правильно обрезаем розы | 44 |
| Болезни роз | 47 |

| | |
|---|---|
| Вертикальное озеленение - плетистые розы | **51** |
| Посадка плетистых роз. | **53** |
| Как правильно сформировать куст плетистых роз | **56** |
| Домашняя косметика из роз | **57** |
| Флоксы | **60** |
| Пионы | **64** |
| Радужные ирисы | **66** |
| Луковичные цветы | **67** |
| Весенняя радость – гиацинты | **70** |
| Клематис | **72** |
| Как правильно обрезать клематис | **75** |
| Использование клематиса в оформлении сада | **77** |
| Как правильно выбрать опору для клематиса | **79** |
| Дельфиниум | **80** |
| Размножение дельфиниума семенами | **82** |
| Размножение дельфиниума | **84** |
| Ухаживаем за дельфиниумом правильно | **86** |
| Чем болеет дельфиниум | **88** |

## Давайте знакомиться!

Давайте знакомиться... Здравствуйте, меня зовут Рыженко Оксана, живу я в Украине в городе Харькове. Сайт www.superdacha.com создан для обмена знаниями и опытом в садоводстве и благоустройстве дачи. А начать знакомство хочу с истории о том как мы приобрели нашу, теперь уже любимую, дачу ))

Всем нам известно, что от городской суеты и бешеного темпа можно устать и хочется отдыха, тишины, уединения и гармонии. Так и произошло с моей мамой, Викторией Михайловной. Хоть у нее и есть частный дом и небольшой участок - пространства для реализации задуманных идей стало мало и было решено приобрести дачу!

Выбирали дачу мы очень долго, начиная с весны 2012 года, ездили по разным участкам, еще когда лежал снег. А так как дача должна была понравиться всем членам нашей семьи, то критериев поиска было много: Сыну - главное дом, брату главное природа, моей маме Виктории - нашему главному стратегу и генератору всех идей, главное - участок. Мне - же нужно было, чтобы всем все понравилось. Но все наши желания были не в счет, так как решал все супруг моей мамы, Валерий Николаевич, который должен был, собственно, купить понравившийся ЕМУ участок. Так как строить дом времени ни у кого не было, искали естественно участок с готовым домом. После долгих мытарств, когда мы уже совсем отчаялись нам, как это иногда бывает в жизни - просто фантастически повезло! Сначала участок был тщательно осмотрен моей мамой и ее мужем, после того как он им безумно понравился уже приехали на смотрины остальные члены семьи. Всем понравилось, купили. Участок находится на Старом Салтове, кто бывал в наших краях знает, что лучшего места для отдыха летом просто не бывает! До водоема конечно далековато - минут 20, но это никого не испугало, так как вокруг шикарные леса, поля и отличные пейзажи.

Все были безумно довольны, но со временем мы поняли, что работы тут - не початый край!

Участок запущен, дом запущен, туалет забит, скважина гонит песок вместо воды, но мы знали, что с этим придется столкнуться и мы были готовы к этому. В конце - концов дача - не просто недвижимость. Дача - это место для воплощения идей и даже люди, которые покупают уже готовую дачу, все - равно начинают там все делать по-своему.

Самое первое, что мы предприняли - это начали изучать книги и журналы по садоводству, благо у моей мамы имелась целая подписка журнала "Мой прекрасный сад" начиная с 2000 года, так как мечтать о даче она начала уже давно. Действительно удивительный журнал, где можно черпать бесчисленное количество идей для вашего сада.

Оказалось, что изначально правильное планирование очень полезная вещь! Осмотрите свой участок со всех сторон и начинайте мечтать, каким вы хотите видеть его через 5 лет, учитывая размер взрослых деревьев. Мечтать желательно еще и на бумаге, хороший план это уже половина! Обязательно предусмотрите площадку для отдыха, а если позволяет участок и не одну, представьте, где будут проходить дорожки, где будет находиться ваш газон, а где клумбы, деревья и кустарники. На нашем участке было достаточно деревьев, но так как купили дачу мы осенью, полакомиться плодами нам не посчастливилось, и пришлось ждать следующего лета. Результат нас мягко говоря огорчил, так как все деревья оказались старыми, очень заросшими. Поэтому совет, лучше сразу заняться обрезкой деревьев. На следующий год сад уже немного обрезали, некоторые кустарники и поросль выкорчевали. Одно дерево сломало ветром, остался один пень, который весной собираемся обыграть: соорудить там гнездо из веток и поставить аиста - уже присмотрели в магазине. Весной так же по плану купить несколько фруктовых деревьев: пару яблонь, черешню, абрикос и сливу. Покупать саженцы будем в питомнике. В этой книге я поделюсь с вами советами по обустройству участка, а так же расскажу о секретах правильного ухода за многолетними растениями, чтобы они радовали Вас неповторимым цветением и создали сказку на вашем участке.

## Газон своими руками

*Какая же дача без газона? Мой рассказ о том, как мы делали небольшой газон своими руками.*

Конечно, можно купить готовый **рулонный газон**, он и красивый, и практичный, но... гораздо приятней и дешевле все делать своими руками. Самое главное подготовить участок для посева, очень хорошо вскопать примерно на штык лопаты и очень ровно разровнять участок граблями. Вообще участок под *газон* лучше готовить осенью, если почва сильно плотная или глинистая нужно добавить песок, а самое главное это удаление всех корневищ сорняков, поверьте - это уж точно самое трудное. Можно начинать закладку газона и весной, я же начала это уже жарким летом, поэтому применила некоторые хитрости для удержания влаги, а именно: накрыла весь участок засеянного газона пленкой, под которой влага как бы конденсировалась, и моя травка вылезла уже на 3 день : ) При необходимости можно добавить удобрения, я посыпала "Нитроаммофоску" и золу. Семян ушло очень много, так как сеять надо в двух направлениях - вдоль и поперек. Разравниваете после посева все это еще раз граблями, и обязательно слегка уплотните землю, я для этой цели выбрала доску, которую переставляла по всему газону. Через 3 дня увидев первые всходы понимаешь, что газон просто необходимо поливать, конечно, если у вас есть много воды и насос это не сложно, нам же приходилось таскать лейками, но это стоило того. Когда травка достаточно подросла, ее еще нужно стричь, в супермаркете была куплена бензиновая газонокосилка, но как оказалось - косить она может только в руках моего сына :) Он долго колдовал над ней, она изрыгала огромные клубы дыма, постоянно громко кашляла, и была достаточно тяжелая, чтобы кто-то еще послабей мог бы с ней управиться. Так что на этот год мы купили все же электрическую и небольшого размера, надеюсь теперь мы с мамой можем и сами стричь наш газон. Стричь придется довольно часто, нельзя допускать чтобы трава достигала более 10 см, оптимальный размер 3 см. Зачем вообще нужна стрижка: во-первых, наша травка начинает куститься и наращивать корневую массу, а во-вторых - это борьба с сорняками. Не менее важен для вашего газона регулярный полив, в засушливое лето это придется делать ежедневно, обычно поливают 2 раза в неделю. Наш газон так же очень нуждается в подкормке, из-за частой стрижки в почве истощаются запасы азота, фосфора и калия, если не подкармливать нашу травку она будет бледной, тоненькой и на газоне будут появляться проплешины. В садовых магазинах вместе с семенами сразу же покупайте и удобрения для газона, обычно на упаковке пишут подробную инструкцию как, сколько и когда удобрять.

Весеннюю подкормку проводят сразу - же как сошел снег, можно даже посыпать по талому снегу. Ранней весной, обязательно проведите такие работы на своем газоне как: прочесывание граблями. Нужно удалить весь мусор, листья, войлок, которые скопились за зиму. Есть специальные приспособления, так называемые аэраторы, которые вычесывают ваш газон и слегка прокалывают землю. Мы пока обходимся граблями и вилами :) Как видите газон совсем не легкое дело, за всем нужен уход и внимание, если конечно вы хотите чтоб он выглядел как лужайка возле дома английского аристократа! Я пока тренируюсь на небольшой территории, для удобства и чтоб не затаптывать газон положили плиты на расстоянии шага, получилось очень симпатично. Если же вы хотите иметь *газон* большого размера, без профессиональной газонокосилки вам уже не обойтись!

*Вот так выглядело это перед посадкой газона :)*

## *Полезные советы:*

- Очень часто на **газоне** появляется мох, бороться с ним можно внесением специального удобрения, которое содержит железный купорос. Мох появляется также в случае, если земля сильно уплотнилась, чтобы это исправить необходимо провести аэрацию и внести в землю песок.
- Если вас смущают неровности на вашем газоне, исправить это можно сделав Н-образный надрез. Снимите и аккуратно выньте дерн, и подсыпьте или удалите землю, затем верните дерн на место и плотно прижмите его, не забыв полить.

# Готовим газон к зиме

### А вы готовы к зиме? А ваш газон ? :)

*В этой статье мы с вами поговорим об обязательных процедурах, которые нужно сделать, чтобы наш газон весной порадовал нас роскошной травкой!*

На пороге осень, а мой **газон** зазеленел во всю. Этим летом сделала еще 2 небольшие площадки, мои мужчины в восторге! Как утверждают психологи - мужчинам в саду прежде всего нравится ровненький аккуратненький газончик. Моему сыну - совсем не нравится наш с мамой садовый дизайн - множество клумбочек, цветников, ему бы все засадить газоном :) Но, тут мы с мамой стоим насмерть :)

Перед наступлением настоящих холодов нужно подумать о правильном уходе за газоном. Уборка опавших листьев - одно из самых важных работ перед наступлением холодов. Постарайтесь очень тщательно убрать все листья с газона, так как под оставшимися листьями трава начинает выпревать и может образоваться грибная инфекция. С собранными листьями, я думаю Вы знаете что делать - конечно же в компост ! Если листьев много их можно использовать в качестве мульчи. Я листьями засыпала посаженные тюльпаны в кадках. В сентябре побывали с мамой на садоводческой выставке и как обычно не смогли удержаться, купили новые сорта - это и черные тюльпаны и тюльпаны - попугаи и необычный сорт, где не один цветок, а целая россыпь. Обязательно сфотографирую новые тюльпаны, если конечно - же они нас не подведут :) Все новые виды тюльпанов теперь живут в больших горшках, на зиму часть перенесем в подвал, а часть прикопаем.

Для уборки листьев, есть новомодные изобретения, например садовый пылесос, все мечтаем с мамой купить, но садовый измельчитель будет гораздо полезней, так что он первый стоит на очереди покупок:). Пока пользуемся обычными веерными граблями.

После уборки листьев газон нужно в последний раз перед зимой подстричь, не очень коротко, но и не длинно - примерно 3-5 см. Если трава останется длинной, она может под снегом выпреть, а слишком короткая может замерзнуть. Да, и не забудьте подкормить ваш **газон** фосфорно-калийными удобрениями. Если на газоне появились проплешины - подсыпьте семена газонной травы, добавьте песочек, весной травка обязательно взойдет.

*Отличной Вам зеленой лужайки!*

# Альпинарий

### Альпийская горка своими руками.

Растения, которые растут в природных условиях на большой высоте в условиях сухого климата принято называть альпийскими. Сейчас это определение сильно упростилось и альпийскими стали называть растения - высота которых не выше 30 см. Существуют так же карликовые виды крупных растений, которые тоже подходят под это название. Альпийскую горку необходимо устраивать на открытой солнцу площадке. Прежде всего необходимо сделать очень хороший дренаж из камней, песка и щебня, так как со временем ваша горка будет вымываться дождями. Я упустила этот момент и теперь приходится время от времени подсыпать землю и укреплять ее камнями.

Камни можно купить в супермаркетах, а можно заняться поисками на ближайших территориях, у нас с мамой уже выработался рефлекс, на всех прогулках шарить взглядом в поисках камней и всяческих предметов, нужных на участке.

Вот приблизительный список растений, которые с удовольствием приживутся в вашем альпинарии:

Очиток

Молодило

Тимьян

Камнеломка

Роза почвопокровная

Колокольчик карпатский

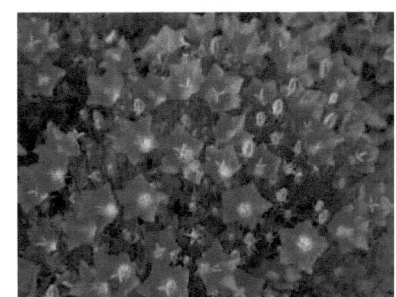

Гвоздика

Карликовая спирея

Овсяница

Осенью подсадили луковичные: Крокусы разных цветов, луковицы ириса. В садовых магазинах вам предложат огромный выбор растений для горки, но следует учитывать, что некоторые виды растений имеют особенность сильно разрастаться, поэтому размещайте их на достаточном расстоянии друг от друга. Чтобы заполнить пока еще пустые места, можно посадить однолетние растения. Нас очень выручил и просто покорил наши сердца портулак и, конечно же, петуния. Неплохо смотрелись островки с лобелией голубого цвета. У подножия **альпийской горки** хорошо будет смотреться казацкий можжевельник.

## Японский сад

**Японский уголок.** *Японцы считают, что красота и гармония заключена в асимметрии, а не симметрии как принято у нас европейцев.*

**Японский сад** называют еще другим словом -*сад Дзен*, что в переводе означает медитация. Основными элементами такого сада являются камни, песок и вода. Вот и я у себя на участке решила оформить один уголок в стиле *сада Дзен*. У меня он занял приблизительно 3 кв.м, на них я и разместила 3 камня, кстати, число три у японцев тоже очень символично и означает единство неба, земли и человечества. Вместо воды я использовала имитацию ручья из щебня и песка, надо будет еще сделать рисунок граблями в виде волн. Из растений у меня поселились три кустика хосты разных цветов, папоротники тоже три, японская айва и пион белого цвета. Очень хочу посадить японский клен, у которого потрясающе красивые красные листья и конечно же рододендрон. Из декоративных элементов можно добавить каменный фонарь и фигурку Будды. В японском саду должен доминировать зеленый цвет, так как пестрота по мнению японцев мешает релаксации, яркие акценты не должны отвлекать внимание. Можно сделать ширму из бамбука, или разместить перголу - выкрасив ее в черный и красный цвет. Излюбленные растения у японцев - бамбук и сосна, для сосны у меня к сожалению слишком мало места. Дорожки в саду Дзен делают извилистыми, их можно сделать из щебня и дерева. У истока этого садового искусства стояли буддийские монахи, которые создавали композиции для достижения просветления. Поэтому с аксессуарами главное не переусердствовать, во всем должна быть простота и гармония. Этим летом обязательно сфотографирую свой уголок и обязательно вам его покажу.

*Вот фото японских садов:*

# *Искусственный водоем*

## Как создать водоем на даче?

*Какой идеальный сад может обойтись без красивого водоема?*

Вода всегда доставляла людям состояние покоя и удовлетворенности, мира и гармонии. На своем участке мы тоже решили сделать небольшой водоемчик. Варианта устройства пруда было всего два: первый - это использовать специальную пленку или второй вариант купить готовую форму в супермаркете. Почитав литературу и поспрашивав у опытных дачников - решили все же купить готовую форму. Выкопали котлован подходящего размера, подсыпали в него песка в качестве подложки и установили нашу форму. Залили по бокам воду, чтобы форма хорошо и прочно стояла. Налили воду в форму и наш пруд готов. На следующий год займемся озеленением и проведем небольшой фонтанчик. Из растений уже выбрали лилии (Gemerocallis), чистец (Stachys). Опытные садоводы советуют выбирать растения многолетние, которые имеют вид трав. Для самого водоема купим кувшинку небольшого размера. Высаживать кувшинку надо на глубину 30-50 см в специальной корзинке, чтобы она сильно не разрасталась. Лучшее время для посадки май, когда вода в вашем пруду уже достаточно прогрелась. Края формы думаем обложить песчаником, обязательно покажу вам фото уже этим летом, когда там будет, надеюсь, очень красиво. В нашем пруду даже этим летом уже поселилась лягушка :) Но очень обидно, что в нем же утонул ежик, мышь и какая то птичка, видимо лето было очень жарким ...

Так что для удобства животных в нашем пруду поместили доску, чтобы они могли свободно выбраться.

*Полезные советы:*

Чтобы пруд не зарастал водорослями - посадите растения, поглощающие питательные элементы (Ситник, чесночник).

Из пруда нужно удалять листья, чтобы они не разлагались - делать это можно с помощью сачка или ракетки для бадминтона :)

## Компост

## Его величество компост!

*Как совершенно бесплатно получить прекрасное удобрение?*

Отходы на кухне и в огороде есть всегда, их можно просто выбросить, а можно поместить в **компост**.

Какими удивительными свойствами обладает компост:

- Компост создает идеальную структуру почвы, а так же нормализует ее кислотность и способствует ее оздоровлению
- Компост имеет в своем составе питательные вещества, которые растения употребляют постепенно, что очень важно
- Компост является просто универсальным удобрением
- Помогает растениям бороться со многими болезнями и является отличным стимулятором роста, так главный компонент компост - гуминовая кислота. Ничтожный процент этой кислоты делает чудеса.
- компост обладает еще одним свойством - защита от засухи. Почва, которую удобрили компост начинает впитывать воду как губка, а испаряется влага значительно меньше, а значит наши растения будут вдоволь получать воду и питательные вещества.

Убедила я Вас? Тогда на вашем участке обязательно должна быть компостная куча и даже не одна! Ее можно сделать из досок, обработав специальным составом, разделив на 3 отделения. Для чего нужны три отделения: В первый отсек вы складываете свежие отходы, во второй хранится полуразложившийся компост, в третьем уже готовый компост.

Как сделать так, чтобы она не бросалась в глаза решайте сами, можно посадить возле кучи декоративный кустарник или закрыть ее живой изгородью, ваша куча должна находиться в полутени.

*Что кладут в компост, а что класть категорически нельзя?*

Компостировать можно и нужно все кухонные отходы: фрукты, овощи, остатки чая и кофе, скошенная трава, листья, измельченные ветки, сорняки без семян. Не рекомендуется класть в компост остатки мяса, рыбы, мусор, пластик. Нельзя складывать так же пораженные болезнями растения, их лучше сжечь. Рекомендуют чередовать зеленую часть отходов и сухую, так компост будет поспевать быстрее. Чтобы ускорить созревание компоста кучу накрывают в плохую погоду пленкой, чтобы сохранить температуру, поливают настоем крапивы.

Настой крапивы сделать довольно легко, наберите в большую емкость воды, добавьте в нее крапиву и накройте крышкой, через 2-3 недели ваш настой готов. Этим раствором, только разбавленным можно удобрять растения, для увеличения роста.

## Выбираем ограду для участка...

В этой статье мы с вами поговорим, о такой очень важной детали для обустройства нашего участка, как **забор или живую изгородь**, ведь именно они создают **первое впечатление об вашем участке**. Все мы с вами воспринимаем территорию собственного сада как островок стабильности и покоя и всеми силами стремимся огородить его от окружающего мира.

Первые ограждения человек стал создавать еще в древности для защиты урожая и домашних животных. Для этого он использовал то, что давала ему природа: сучья, камни, ветви... С развитием цивилизации ведущей стала именно декоративность ограждений. В наше время забор на садовом участке выполняет сразу несколько функций: разграничительную, ограничительную, защитную - причем не только от непрошеных гостей, но и от ветра и шума и любопытных глаз. **Забор** все чаще становится украшением сада, его декорируют деревьями и кустарниками, зачастую ограда превращается опорой для вьющихся растений. Наиболее тщательно оформляется тот край участка, который выходит на улицу, - можно сказать, что забор и калитка зачастую становятся визитной карточкой хозяина участка.

Сколько участков, столько и вариантов оград. Проходя на прогулке по ближайшим участкам, можно увидеть множество вариантов оформления заборов. Кто-то предпочитает глухой, высокий забор, полностью изолирующий участок от посторонних взглядов, кто-то изысканную кованную ограду, выполненную в старинном стиле, третьим по душе непритязательная сетка, есть любители плетней и ивовых прутьев.

Рассмотрим, из чего же состоит ограда. Это прежде всего основа (каркас) и обрешетка. Основой является фундаменты, цоколи, столбы и несущий каркас в виде досок (слег), рамок, проволоки. В качестве обрешетки можно использовать практически любые материалы, достаточно прочные и устойчивые к неблагоприятным погодным условиям. Это могут быть жерди, горбыль, рейки, доски, металлическая сетка, кирпич, бетон, природный камень. Однако наиболее популярным материалом все же является дерево. Деревянный забор красив, гармонирует с природным фоном и при соответствующем уходе может простоять не одно десятилетие.

Высота и степень "прозрачности" забора определяется не только желанием отгородиться от окружающего мира, но и не в последнюю очередь размера-

ми участка. Высокая глухая стена возведенная по всему периметру участка в 6 соток, превратит его в" тюремный" двор. Да и покрасоваться вашими достижениями в садоводстве, все таки хочется :) Если территория участка достаточно велика, то лучшим вариантом будет живая изгородь. Подбор растений для изгородей я наверно напишу в следующей статье, так как сама сейчас занята подбором растений для небольшой кулисы вокруг своего прудика.

Многие садоводы предпочитают прозрачные ограждения в виде металлической решетки, закрепленной на кирпичных или железных столбах, штакетника, разрезанных продольно и перекрещенных жердей (охотничья ограда). Такие ограды зрительно значительно увеличивают размеры участка и создают ощущение простора и легкости. Чтобы оградиться от посторонних взглядов, забор можно оплести вьющимися растениями (девичий виноград, хмель, вьющиеся розы, кирказон, ипомея, настурция) или посадить полоску декоративного кустарника( шиповник, боярышник).

Красиво оформив центральную парадную часть ограды, следует подумать и внутренних заборах и заборчиках. Например, незаслуженно забытый плетень удобен для разграничения соседних участков. А если соседи не слишком дружелюбны можно поднять забор повыше и высадить непроницаемую для глаза стену из кирказона или девичьего винограда. Частокол или забор из жердей подойдет для ограничения огорода. Такое ограждение очень гармонично вписывается в окружающую среду и создает ощущение сельской идиллии. Низкий частокол подойдет для ограничения палисадников.

**Предлагаю Вам несколько дизайн - идей для оформления заборов:**

- Если забор или его часть увита девичьим виноградом, то яркую зелень можно использовать как фон для ампельных, например, розовых или ярко-красных петуний.
- Если же вам хочется, чтобы прохожие видели ваш палисадник, но и забор не оставался голым, можно пустить по сетке или штакетнику однолетние лианы - ипомею или настурцию. В следующем году композицию можно изменить.

Строгую металлическую ограду оживят разноцветные гортензии. Кстати они могут и сами осуществлять роль изгороди, так достигают довольно высокого размера.

Интересное решение для **обустройства дачи** - изнутри забор может послужить креплением для горшечных растений. Уже весной его можно превратить в цветущую стену с помощью ваших домашних цветов или однолетних растений.

## Живые изгороди

Сегодня мы с вами будем изучать растения, пригодные для живых изгородей. Как вы знаете, живые изгороди являются одним из немаловажных элементов вертикального озеленения. Живые изгороди изолируют сад от дорожной пыли, ветра, соседей, непривлекательного пейзажа. Но это не только высокая стена зелени вместо забора, живые изгороди разделяют сад на отдельные зоны. С их помощью можно выделить зону отдыха, придать ей интимный характер. Ими можно окружить садовый домик или беседку, обозначить аллею, ведущую от калитки к крыльцу. За зеленой ширмой можно спрятать мусорный бак, компостную кучу или хозяйственные постройки. Невысокие живые стены и бордюры служат ненавязчивым обрамлением для других растений.

В прошлый раз мы с вами поговорили о заборах для вашего участка, одним из видов ограды - живой изгороди мы и поговорим сегодня. Классическая подстриженная живая изгородь, имеющая геометрически четкие формы, придает участку ухоженный вид. Такой тип изгороди гармонично впишется в любой сад, как пейзажного стиля, так и регулярного.

Нередко благоустройство участка начинается именно с посадки живой изгороди, чтобы надежно укрыться от посторонних глаз. Не каждое растение подходит для живой изгороди. Выбирают те деревья и кустарники, которые хорошо переносят частую обрезку и стрижку с целью создания густой стены зелени, устойчивы к неблагоприятным условиям, компактны и не занимают много места.

Для стриженной изгороди лучше всего подходят древесные растения с мелкой густой листвой, которые хорошо растут и обильно ветвятся после стрижки. Закладка изгороди из листопадных деревьев обойдется дешевле, чем из хвойных пород. К тому же лиственные деревья растут быстрее, и живая изгородь раньше начнет выполнять свою функцию. Единственным недостатком является то, что к зиме она оголится.

Очень привлекательны живые изгороди из вечнозеленых лиственных растений- лавровишни, падуба. Особенно эффектен пестролистый падуб с ярко- красными плодами.

Для создания изгородей подойдут и вечнозеленые хвойные растения: туя, можжевельник, тис, кипарисовик, гибридный кипарис, ель. Эти изгороди больше похожи на монументальные сооружения и непроницаемы для глаз в любое время года. В местностях с сильными ветрами они могут служить великолепной защитой. Однако хвойные растения требуют лучших условий для выращивания и стоят дороже.

Чаще всего для живой изгороди используют растения одного сорта. Но если вы решили сделать изгородь более привлекательной, то попробуйте чередовать формы с листьями разных цветов. Например, очень благородно выглядит сочетание буков с зелеными и красными листьями. Поднадоевшую монотонную изгородь из лиственных пород можно модернизировать, выкорчевав отдельные растения, а вместо них посадить цветущие кустарники. Чтобы они легче прижились, их высаживают, немного выдвинув вперед.

По высоте живые изгороди подразделяются на высокие ( до 3 м), так называемые шпалеры, средние (1-1,7 м), низкие - до 60 см (бордюры).

Для шпалер можно порекомендовать граб, бук или полевой клен. Из хвойных кустарников, вырастающих до такой высоты, подойдут можжевельник виргинский, тис обыкновенный и пирамидальные формы туи западной, например, Колонна.

Для изгородей средней высоты выбор растений наиболее широк. Эти растения можно выращивать как свободно (нерегулярно) и не подвергать обрезке, так и в виде стриженных изгородей. Для естественных **живых изгородей** чаще всего используют барбарис узколистый, который нарядней всего выглядит в мае, покрываясь золотисто-желтыми цветами; пираканту колючую с необыкновенными красными, оранжевыми или желтыми плодами; таволгу, цветущую с июня до поздней осени. Великолепно смотрятся в естественных посадках различные виды туи западной, но эти кустарники хорошо переносят и стрижку.

Формированные изгороди чаще всего создают из бирючины обыкновенной, кизильника блестящего, смородины красной и альпийской. Хорошо поддаются стрижке и многие другие цветущие кустарники: форзиция, вейгела, боярышник, спирея, бузина, чубушник, калина.

Для низких изгородей (бордюров) подойдут классический самшит и карликовый барбарис Тунберга с красными листьями. Лаванда, сантолина, дубровник, низкорослые сорта кустарниковой лапчатки также сохраняют компактность при обрезке. Низкие живые изгороди служат для обозначения дорожек, отделения грядок.

## Правильно сажаем живую изгородь

*В этой статье более подробно рассмотрим - как правильно посадить живую изгородь, как за ней ухаживать и какие растения выбрать для посадки.*

Итак, начнем с главного. Посадку саженцев лиственных и хвойных пород проводят весной. Почву нужно тщательно подготовить, так как после посадки трудно будет что-то исправить. Выбранное место для посадки очищаем от щебня, остатков извести и другого строительного мусора. Следует так же выбрать корневища многолетних сорняков. Если почва слишком плотная, добавляем песок. Почву глубоко перекапываем, чтобы облегчить растениям укоренение.

Корни лиственных кустарников перед посадкой выдерживают в воде в течении нескольких часов; толстые корни укорачивают до 20 см. Непосредственно перед посадкой корни желательно обмакнуть в глиняную болтушку. Очень важно хорошо утрамбовать землю около каждого посаженного растения и обильно полить.

Другой важный момент - нужно коротко обрезать посаженные растения (каждый побег до 15-20 см). Если этого не сделать, растения быстро достигнут необходимой высоты, но посадка будет слишком редкой. Ценность же живых изгородей в их густоте, а этого можно достичь только регулярной обрезкой и стрижкой.

Через 2-3 недели после посадки лиственных и хвойных кустарников можно внести азотно-фосфорные удобрения из расчета 20-30 г на 1 м2.

Уход за живой изгородью заключается в регулярных поливах, внесении удобрений и стрижке. Для уменьшения испарения влаги почву вокруг посадки мульчируют, к тому же мульча задерживает рост сорняков. Подкормку в период вегетации проводят 3-4 раза азотно-фосфорными удобрениями.

Важнейшим элементом ухода за живыми изгородями является стрижка. Сразу же после посадки побеги обрезают до 20 см. Новую поросль укорачивают наполовину, если она достигнет 30 см. Следующей весной все побеги достигают высоты около 5 см. Летом проводят такую же подрезку, как и в прошлом году, после очередного прироста 20-25 см. В течении нескольких последующих лет оставляют 20-30 см последнего прироста. Когда высота растения начнет приближаться к желаемой, оставляют при стрижке очень короткий прирост (2-3 см в год).

Стрижку лиственных изгородей проводят ранней весной, а также 2-3 раза в течении лета, на заму их оставляют неподстриженными. Хвойные растения могут сами быстро разрастаться в ширину и нет необходимости низко подстригать их сразу же после посадки. Хвойные лучше подстригать весной и осенью.

## Растения, пригодные для формирования живой изгороди

### *Туя западная*

Вечнозеленая, неприхотливая, быстрорастущая. Подстригают поздней весной. Рекомендуется для высокой изгороди. Вырастает от 1,5 -до 3 м. Очень хорошие сорта для живой изгороди "Smaragd" "Holmstrup". Ежегодный прирост - 20 -25 см. Не переносит засуху, предпочитает влажные глинистые почвы. Весьма мороустойчива, листва кстати ядовита.

*Бирючина овальнолистная с желтой листвой.*

Хорошо растет на солнечных участках. Стригут два раза в год. Рекомендуется для средней и высокой изгороди. Вырастает 1,00 -2 м. Ежегодный прирост- 25-35 см. Бирючина очень неприхотливое растение, растет практически на любых садовых почвах. Ягоды бирючины ядовиты !

*Бук лесной.*

Растет медленно. Не переносит тяжелых сырых почв. Обрезку проводят в конце лета. Применяется для высоких живых изгородей. Вырастает от 2,0 до 4,0 м. Не очень любит жару.

*Граб настоящий.*

Стригут дважды в год. Годится для высокой изгороди. Вырастает от 1 до 4 м. Неприхотлив, предпочитает глинистые почвы, может перенести высокий уровень грунтовых вод. Осенью желтая окраска, очень часто листья могут не облетать и до весны.

*Лавровишня лекарственная.*

Вечнозеленая лиственная культура. Переносит затемнение. Подстригать лучше всего секатором для роз. Рекомендуется для изгородей средней высоты. 1- 1,5 м. Довольно не прихотливое растение, хорошо растет и на легких песчаных почвах.

*Падуб обыкновенный.*

Образует особенно интересные вечнозеленые изгороди. Стрижка проводится в конце лета. Рекомендуется для изгородей средней высоты. Предпочитает богатые гумусом, кислые почвы. Вечнозеленое растение, женские растения с ядовитыми плодами.

*Тис ягодный.*

Хвойная культура, пригодная для изгородей средней высоты и высоких. Отлично поддается любой стрижке. Стрижку проводят летом. Предпочитает влажные богатые гумусом почвы. Хвоя и семена ядовиты.

*Жимолость шапочная.*

Образует изгородь высотой до 1 м. Обрезка весной или в начале осени.

***Пираканта ярко-красная.***

Используется для изгородей средней высоты. Растение украшено яркими плодами. Стригут летом по мере необходимости.

***Вечнозеленый барбарис узколистный.***

Хорошо разрастается в ширь. Наиболее декоративен весной во время цветения. При необходимости подстригают осенью. Пригоден для изгороди средней высоты.

*Вейгела.*

Солнцелюбива. Стрижка весной и после цветения. Хороша для живых изгородей средней высоты.

*Красный карликовый барбарис Танберга.*

Не выносит затемнения. Стрижка осенью.

Используется для низких изгородей.

*Самшит вечнозеленый*

Классическое бордюрное растение. Подстригают летом. Предпочитает нейтральные или известковые, богатые гумусом почвы. Для хорошего произрастания требуется проницаемая почва. Вечнозеленый, очень густо ветвится, очень хорошо переносит обрезку.

***Сантолина, или кипарисовая трава.***

Требовательна к теплу и солнцу. Подстригают осторожно и только по мере необходимости. Пригодна для бордюров.

***Лаванда узколистная.***

Образует прекрасный ароматный бордюр. Обрезка проводится после цветения, почти до старых одревесневших ветвей, чтобы стимулировать новое ветвление.

***Кипарисовик***

Кипарисовик самый удачный вариант, наряду с Туей. Растет относительно быстро и строго вертикально, поэтому не часто нуждается в обрезке, нужно всего лишь ежегодно обрезать ее с боков. Существует огромное множество сортов с различной окраской хвои от желто-зеленой, золотисто-желтой, голубой, серо голубой. Пример желто- зеленой хвои -"Kelleriis Gold". Голубой- "Blue Surprise". Серо -голубой- "Edwoodii".

# А у нас - водопровод! Вот!

*Без воды дача существовать просто не может. Конечно, если вы хотите хороших урожаев и простого удобства - ведь без душа летом просто нет жизни. Расскажу Вам сегодня - как мы боролись с проблемой воды на своем участке. Может кому-то это поможет избежать неприятных моментов.*

Когда мы покупали свою дачу, на ней была общая скважина на 3 участка. Покупали мы участок осенью, скважина была уже забита или, как говорят замылена песком. Бывшие хозяева пригласили специалиста и скважину прочистили. Но как оказалось, что воды там было очень мало, хотя глубина скважины была вполне достаточная - 37 м. Промучались целый год, вроде и есть вода, но ее катастрофически не хватало, особенно когда наш очень моложавый сосед, которому было 80 лет вставал в четыре утра и выкачивал всю воду :) На семейном совете было решено - решить проблему с водой раз и навсегда. Изучив предложения по бурению скважин и обзвонив многие фирмы, нашли приемлемую цену и вызвали специалистов на место.

Лучший из возможных источников воды это артезианская скважина, глубина ее примерно 200 м, но такую скважину пробурить очень сложно, да и стоит она не дешево. Поэтому остановились на варианте, который нам предложили специалисты - **скважина** будет примерно от 50 - до 100 м в зависимости от уровня вод, которые проходят под землей. Обязательно уточните у специалистов, есть ли у них **карта грунтовых вод**. Поспрашивайте у соседей, какой глубины у них скважины. И обязательно почитайте договор перед тем как нанимать людей и платить им какую - либо предоплату. Нам очень повезло, что фирма оказалась довольно известная и договор у них был правильный. Обратите внимание в договоре должно быть прописано, что вы оплачиваете услуги по бурению скважины при наличии в ней воды примерно 20-40 кубометров в час. Этот пункт очень важен, сейчас объясню почему. В декабре 2012 года фирма приступила к работе по бурению. Вот как было дело: промучившись 3 дня наши горе мастера пробурили скважину 100 м. Техникой буквально снесли половину наших с мамой насаждений, чуть не случился пожар на 2-м этаже, так как строители включили мощный обогреватель и не выдержала проводка, а воды в скважине просто не оказалось :) Все были в панике! Вот и пригодился договор, с которым отец поехал к юристу, где ему и разъяснили, что мы в праве требовать бурить еще раз пока не будет найден источник воды. Сроки были перенесены уже на весну. Весной приехала уже другая бригада, скважину пробурили быстро, и вода оказалась гораздо ближе -47 м, а самое главное ее там было очень много.

### Другой очень важный вопрос - насос.

Насосы - очень важный элемент водопроводной системы. Если глубина вашей скважины больше 7 м - то используется так называемый погружной насос. Насос находится под землей, а вся автоматика находится в доме. При покупке насоса обязательно поинтересуйтесь его техническими характеристиками. Очень важно подобрать насос по мощности, посмотреть с какой глубины он способен качать воду и его производительности. Насос должен быть защищен от перегрева, перегрузки, перепадов напряжения и попадания в механизм песка.

Поинтересуйтесь гарантией, которую дают на насос. Слишком частое включение - выключение не идет насосу на пользу. Такой насос проработал бы не долго, если бы каждый раз при включении крана он начинал бы работать, поэтому вам нужно установить мембранный бак. Принцип работы такого бака очень прост, мембранный бак накапливает воду и держит ее под давлением для подачи в кран. Насос включается только, если в баке заканчивается вода. Такой бак и был установлен у нас в подвале, он не большой примерно на 20 л, как нам объяснили, такого размера вполне нам хватит, продумайте какого размера нужен вам бак, сколько воды вы будете использовать.

Провести воду в дом, установить унитаз, мойку - это уже заключительный этап. Трубы использовали пластиковые, они намного долговечнее металлических и гораздо легче в укладке. Канализационную яму вырыли возле дома глубиной примерно- 3 м, установили люк.

### Еще одна важная деталь - фильтры для воды.

Даже самая чистая вода из глубокой скважины нуждается в фильтрации. У нас вода имеет избыточное содержание железа, да и к тому же она очень жесткая. Пока мы установили грубый фильтр в скважине, чтобы вода фильтровалась от песка, ила и мелких частиц мусора. На следующей этапе нужно будет купить фильтр и подключить его уже к мойке. Но это дело уже следующей весны. Обязательно купим еще и нагреватель для воды, так как мыть посуду ледяной водой никому не нравится :)

# Королевы сада - розы

По декоративным достоинствам розы превосходят почти все цветочные культуры - недаром розу называют царицей цветов. Практически на любом участке можно увидеть розы, давайте и мы с вами подберем удачный сорт для вашего сада. Розы подразделяются на несколько сортов:

### Чайно-гибридные розы

Розы с изящными махровыми крупными цветами разнообразной окраски, с повторным длительным цветением

### Ремонтантные розы

Используются для поздней выгонки, а также выращиваются в открытом грунте. Цветы у них более махровые, чем у чайно-гибридных.

### Гибридно-полиантовые розы

Цветение у них длительное, повторяющееся осенью. Получены они от скрещивания чайно-гибридных и полиантовых роз. Цветы у них менее махровые, чем у чайно-гибридных.

### Флорибунда

Эти розы отличаются приятным ароматом. Их цветки в начале цветения напоминают больше чайно-гибридные роды. По росту и облиственности куста, по количеству цветков и степени махровости, по продолжительности цвете-

ния они сходны с гибридно-полиантовыми. Отличаются стойкостью как в срезке, так и на кусте. Цветут постоянно, устойчивы к болезням и лучше, чем чайно-гибридные переносят зимы.

**Пернецианские розы**

Обильно и непрерывно цветут. Цветки махровые, разнообразной окраски, листья ярко зеленые, нуждаются в защите зимой.

**Полиантовые розы**

Эти розы прекрасно развиваются, цветут непрерывно все лето и зимуют с легким укрытием.

**Вьющиеся розы**

Прекрасный материал для вертикального озеленения. Цветут один раз в год (июнь-июль), требуют хорошего укрытия зимой. Прекрасно размножаются зелеными черенками. Устойчивы к болезням.

## Плетистые розы

Морозоустойчивы, прекрасно и обильно цветут все лето, до заморозков. Мало подвержены мучнистой росой, хорошо размножаются зелеными черенками. Зимуют с небольшим укрытием. Мало подвержены болезням и вредителями.

## Парковые розы

Большинство парковых роз обильно цветут летом один раз. Исключение составляет Роза ругоза, цветущая непрерывно. Парковые розы - наиболее интересны для декоративного цветоводства. Прекрасно зимуют без укрытия, требуют лишь небольшого окучивания корневой шейки. Мало поражаются вредителями и болезнями. Размножаются делением куста и отводками.

# Создаем лучшие условия для Королев сада - роз

*Кто из Вас не любит розы? Чтобы розы радовали Вас обильным цветением и не болели посмотрим - что же любят эти роскошные цветы.*

## Выбор участка, подготовка почвы и посадка

Розы - светолюбивые растения, поэтому для них следует выбирать освещенные и проветриваемые участки. В сильно закрытых местах розы болеют мучнистой росой и другими болезнями, чаще поражаются вредителями. В тени цветут слабо или совсем не цветут. К почве не требовательны, но лучше всего развиваются на суглинках, богатых органическими веществами, на умеренно тяжелых суглинках с хорошим дренажем. Если на участке легкие почвы, следует внести коровий навоз и глину. Если участок с тяжелыми глинистыми почвами - предварительно вносят песок и перепревший навоз. При осенней посадке роз почву лучше подготовить за месяц перекопав ее на глубину 25-30 см и внести органические удобрения. При весенней посадке почву готовят с осени. Если земля бедна фосфором, одновременно с органическими удобрениями вносят суперфосфат или костную муку. Если почвы слишком кислые, лучше вносить костную муку, так как суперфосфат способствует увеличению кислотности почвы. В кислые почвы вносят известь.

Приступаем к посадке. Необходимо выкопать ямы шириной и глубиной 50 см, снимая верхний питательный слой земли на глубину 15-20 см. Следующий слой не питательный откладывается в сторону: эта почва для посадки не идет.

Перед посадкой корни роз необходимо обмакивать в раствор глины с коровяком (одна часть глины на 0,5 части навоза-коровяка), это предохраняет корни от высыхания и служит питательным материалом в первое время роста.

Розы можно высаживать рядами, группами и одиночно, в зависимости от выбранной вами композиции. Для ремонтатных роз площадь питания - 50-60 см, для чайно-гибридных -50*50 см, плетистых -1*1 или 1,5*1,5 м, для полиантовых -40*50 см.

При посадке нужно следить, чтобы корни были хорошо разделены и расправлены. Глубина посадки на 2-3 см выше корневой шейки. Когда земля осядет, корневая шейка будет на уровне почвы. заглубленная посадка ухудшает состояние растений.

## Полив, рыхление и перекопка почвы, удобрения подкормка.

Розы любят глубокий полив, но не забывайте поливать нужно строго под корень, в противном случае наши королевы могут заболеть мучнистой росой. После обрезки роз весной с участков необходимо собрать и сжечь все срезанные ветки и опавшие листья, перекопать почву на глубину 15-20 см и в нести минеральные удобрения. Лучшее питание для роз - жидкое удобрение коровяком. Вторую подкормку следует делать в период бутонизации, третью после первого цветения, четвертую - после второго цветения из расчета 0,5 ведра (1*10 ) разбавленного коровяка на маленький куст и по ведру на большие кусты. В течении лета на участке роз нужно обязательно рыхлить почву на глубину 10-12 см. Рыхление проводят для сохранения влаги в земле и лучшего доступа воздуха к корням растений. Кроме рыхления в вегетационный период участок под розы необходимо перекопать 2 раза на глубину 20 см. Первая перекопка бывает в апреле, после обрезки, вторая - в конце августа.

С наступлением заморозков, в октябре - ноябре, розы окучивают и укрывают лапником. Плетистые розы снимают с опор, связывают в пучки, обкладывают лапником и накрывают лутрасилом.

## Давайте размножим розы

**Розы** размножаются преимущественно вегетативно, но и семенами. Семенами - в основном при выведении новых сортов. Способов вегетативного размножения несколько:

- Одревесневшими и зелеными черенками
- отводками
- прививкой
- отпрысками
- корневыми черенками
- делением куста

**Размножение делением куста.**

Рано весной, до распускания почек, кусты корнесобственных роз ( но не привитых) выкапывают и делят на части, высаживая каждую часть отдельно. Проводят обрезку побегов и укорачивание корней.

### Размножение отводками.

Побеги отклоняют в разных направлениях от куста и укладывают в специально сделанные канавки, после чего засыпают землей на глубину 10 см на хорошо окультуренных средних почвах и уплотняют, утаптывая. Концы побегов обязательно выводят на поверхность. Отводками хорошо размножаются плетистые, вьющиеся, парковые и полиантовые розы.

### Размножение корневыми отпрысками.

У корнесобственных роз от тонких поверхностных корней образуются корневые отпрыски. Сначала они питаются за счет материнского растения, не имея своих корней. Корневая система начинает образовываться лишь к концу осени первого года. Весной или осенью отпрыски можно отделить и высадить на постоянное место.

### Размножение корневыми черенками.

Черенки заготавливают осенью от подземных частей отпрысков. Собранные корневые отпрыски прикапывают временно в подвале. В ноябре корневые отпрыски делят на части длиной до 5 см и укладывают в ящики с легкой дерновой землей. Сверху черенки присыпают землей или песком слоем 1 см. Зимой ящики хранят в подвале, землю в них поддерживают в умеренно влажном состоянии. В марте ящики необходимо выставить в парник: у черенков начинает развиваться корневая система и зеленые побеги с листочками. По мере прекращения утренних заморозков (во второй половине апреля) растения можно высаживать на подготовленное место в открытый грунт.

### Размножение зелеными черенками

Основной способ размножения. Им пользуется большинство любителей-цветоводов. Зелеными черенками хорошо размножаются полиантовые, гибридно-полиантовые, плетистые, вьющиеся, чайно-гибридные (за исключением некоторых сортов) и чайные розы. Ремонтантные и пернецианские розы укореняются хуже. При черенковании зелеными черенками пригодны хорошо развитые, но не слишком толстые, полуодресневевшие однолетние побеги. Зелеными черенками можно размножать розы летом, во время цветения: июне - начале июля. Слишком одревесневевшие побеги укореняются хуже. Период укоренения их продолжительный и за зиму такие черенки погибнут. Срезать черенки необходимо с более молодых материнских растений (до 5 лет). Такие черенки укореняются намного лучше, чем черенки срезанные со старых кустов. Лучше укореняются черенки со средней части побега. Их нужно нарезать длиною до 8 см с двумя - тремя почками. Можно и с одной почкой, но такие черенки бывают очень слабыми и медленно приживаются.

Листья у черенков обрезают на одну треть - для уменьшения испарения влаги. Нижний лист удаляют полностью и под почкой делают косой срез на расстоянии 1,5 - 2 см. Верхний срез над почкой производят выше на 1 см. Приготовленные черенки высаживают в парник. Парники должны быть плотно закрыты, воздухонепроницаемы. Хорошо за две недели до высадки черенков набить парник свежим навозом (слоем 35-40 см ) насыпать сверху слой смеси листовой и дерновой почвы -10 см, а еще сверху - слой промытого речного песка - 2-3 см. Черенки высаживают наклонно ( под углом 45 градусов), рядами, на глубину 2 см. Расстояние между черенками в ряду 4-5 см, в междурядьях -10 см. В период от посадки до укоренения черенков в парнике должен быть очень влажный воздух, поэтому их часто опрыскивают и поливают. В жаркую погоду необходимо защищать черенки от солнечных ожогов. Необходимо систематически проветривать парники. При соблюдении всех условий черенки укореняются в течении 20 дней. Укоренившиеся черенки остаются зимовать в этом же парнике и только весной, в апреле-мае, их высаживают на постоянное место.

## Окулировка

Один из основных способов вегетативного размножения роз. Ее делают спящим глазком в июле- августе, во время усиленного сокодвижения. Для подвоев используют в основном Розу канина или другие дикорастущие розы. Окулировка производится в корневую шейку. Перед этим корневую шейку освобождают от земли, ствол очищают от боковых веток. Черенки срезают с вполне сформировавшимися глазками. Листья срезают, оставляя черенки длиной до 2 см. Глазок вырезают с очень тонким слоем древесины. Можно удалять древесину и окулировку делать без щитка - в Т- образный разрез на корневой шейке подвоя. Вставленную в разрез почку со щитком аккуратно обматывают и привязывают мочалом. После окулировки для того, чтобы глазки лучше прижились, подвои окучивают землей на высоту 8 см. Через 15 дней производят первую проверку - как прижились глазки. У прижившихся глазков почка более увеличена и черешок при прикосновении отваливается. При проверке ослабляют повязку, если она не пригодны, заменяют новой, и лишь весной окончательно ее снимают. Не прижившиеся глазки вновь окулируют. На зиму подвои обязательно окучивают и укрывают еловым лапником. Весной, в апреле, следует провести раз окучивание окулянтов. Верхнюю часть подвоя срезают секатором над окулянтом на высоте 2-3 см. Когда окулянт тронется в рост и достигнет высоты 2 см, его прищипывают над четвертой почкой.

Вот основные методы размножения роз, удачных вам экспериментов! Пусть розы в вашем саду украшают его все лето!

## Правильно обрезаем розы

Чтобы кустовые розы обильно цвели, их ежегодно нужно обрезать, так как цветки образуются на новой древесине. Обрезку проводят острым секатором так, чтобы верхняя почка была обращена наружу, а не внутрь куста, оставляя по возможности меньший пенек - 0,6 см.

В основном на розах используют следующие типы обрезки:

1. **Средняя обрезка.** Побеги укорачивают почти на половину, оставляя 4-6 почек.

2. **Сильная (короткая) обрезка.** Удаляют почти полностью побег, оставляют 2-3 почки.

3. **Слабая (длинная) обрезка.** Отрезают верхнюю часть побега, оставляя 8-12 почек. Определенных сроков для обрезки нет. Зависят они от метеорологических условий и начала наступления весны. Приступать к обрезке нужно после освобождения кустов от защитных укрытий и разоокучивания.

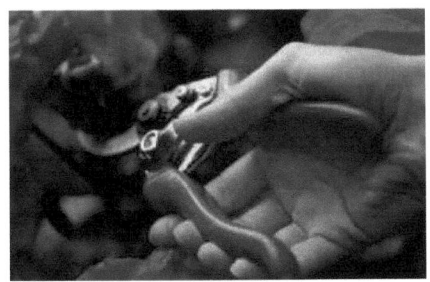

Дальше мы с вами рассмотрим обрезку роз в зависимости от видов.

## *Обрезка парковых роз.*

Парковые и моховые розы подвергаются длинной обрезке концов ветвей на сильную внешнюю почку. При обрезке этих роз удаляют все лишние слабые мертвые побеги, старые и поврежденные ветви. Цветочные почки у парковых роз располагаются в верхней части побегов на ветвях второго- третьего года жизни. Однолетние побеги не дают цветов.

**Обрезка плетистых или вьющихся роз.**

Сорта плетистых и вьющихся роз за период вегетации образуют длинные побеги - до трех метров, которые зацветают только после перезимовки, то есть на следующий год. Розы эти требуют прочистки усыхающих, устаревших и слабых, а также обрезки буйно растущих побегов. Все отцветшие побеги следует обрезать у основания, так как цветов они больше не дадут и будут мешать росту новых побегов замещения. У некоторых сортов например "Эксцельза", "Нью- Доун" удаляют побеги старше 3 лет, остальные сохраняют, так как они образуют цветки на летних побегах, отходящих от верхней и средней частей основных ветвей прошлого года. При покупке роз, лучше проконсультироваться с продавцом как правильно обрезать данный вид розы.

*Обрезка полиантовых и гибридно-полиантовых роз.*

Полиантовые и гибридно-полиантовые розы делятся на две подгруппы: слаборастущие и сильнорастущие. Побеги слаборастущих роз укорачивают сильнее, на 2-3 почки, сильнорастущих -слабее на 4-5 почек.

*Обрезка чайно-гибридных роз*

Чайно - гибридные розы, в зависимости от силы роста, обрезают различно. Сильно рослые сорта - на 4-6-8 почек. У средних и слабо растущих оставляют по 2-3 почки на побеге.

Чайно-гибридные розы цветут три раза за лето (весной, летом и осенью). Рекомендуется, кроме основной весенней обрезки, после весеннего цветения провести обрезку отцветших побегов ниже цветка, наз первой или второй хорошо развитой почкой. Тогда в течении 20 дней развиваются побеги второго порядка, и на них летом появляются новые цветы.

После летнего цветения производят обрезку отцветших побегов ниже цветков, над первой почкой. Тогда в течении 30 дней развиваются цветочные побеги третьего порядка, и наступает осенний период цветения.

*Обрезка роз Флорибунда.*

Лучший метод обрезки роз Флорибунда - умеренный, на 4-6 глазков. Такая обрезка способствует своевременному обильному летнему цветению с начала июня до поздней осени. Побеги старше двух лет рекомендуется вырезать. Нужно обязательно проводить летнюю обрезку: это дает возможность получить три периода непрерывного цветения.

*Обрезка ремонтантных роз.*

У ремонтантных роз из нижних почек концу лета развиваются побеги, обеспечивающие основное цветение на следующий год, а из средних и верхних почек - цветочные побеги, дающие цветы в текущем году. Для получения большого количества цветов у ремонтантных роз 3-4 сильных побега обрезают коротко, оставляя 10-14 почек. Остальные побеги обрезают сильнее, на 4-6 почек. Удаляют ветви старше 3-4 лет, погибшие и слабые, загущающие куст.

*Обрезка пернецианских роз.*

Пернецианские розы следует обрезать на 5-7 почек, так как цветки у них расположены главным образом в средней и верхней частях побега.

## Болезни роз

*Розы тоже болеют...Розы как и человек могут заболеть, рассмотрим самые распространенные заболевания:*

## Мучнистая роса

Кусты роз чаще всего поражаются мучнистой росой. Как выглядит это заболевание - листья, бутоны и побеги покрываются белым налетом, растения бывают сильно угнетены, пораженные листья скручиваются и опадают, бутоны не расцветают. Мучнистая роса часто появляется во влажную жаркую погоду, в период резких температурных колебаний - особенно во второй половине лета.

### *Меры борьбы:*

Опрыскивание бордоской жидкостью сразу после обрезки, до появления листьев. Пораженные побеги необходимо обрезать и сжечь. Помогает от мучнистой росы следующий раствор: на 10 л воды 200 г мыла и 5 г медного купороса. Этим раствором розы опрыскивают раз в 10-12 дней.

Еще один раствор для опрыскивания роз: 100 г соды, 40 г мыла на 10 л воды. Можно опрыскивать розы раствором сыворотки с капелькой йода.

Не забывайте главное правило полива- розы поливают только под корень.

### Черная пятнистость листьев

Это заболевание поражает розы в начале лета в жаркую дождливую погоду. Поражаются при этом верхняя сторона листьев, реже нижняя. На листьях появляются крупные размывчатые пятна, сначала буроватые, затем черные, порошистые. Пятна сливаются, листья засыхают и опадают. В некоторых случаях поражаются бутоны и цветы, реже- ветви и побеги.

*Меры борьбы*

Сбор и уничтожение больных листьев, обрезка и сжигание больных побегов, опрыскивание 1-процентной бордоской жидкостью при первых признаках заболевания.

### Ржавчина

Ржавчина-грибное заболевание. При поражении роз ржавчиной осыпаются листья и усыхают побеги. Иногда растение гибнет. С весны на нижней стороне листьев появляется масса ярко-оранжевых подушечек, отчего листья кажутся ржавыми. Позднее подушечки становятся почти черными.

*Меры борьбы:*

Сбор и сжигание сухих и пораженных листьев, обрезка и сжигание усохших и больных побегов. Для профилактики этого заболевания весной до набухания почек розы опрыскивают 5-ти процентным раствором железного купороса, в период распускания листьев, перед цветением - опрыскивают розы однопроцентной бордоской жидкостью.

## *Вредители Роз*

***Какие есть вредители роз...*** Кроме болезней роз существуют и различные вредители роз. Рассмотрим самые распространенные из них:

**Розанная тля.**

Самые распространенные вредители. Селится целыми колониями, повреждает молодые побеги. Листья приобретают желтый цвет, скручиваются и опадают, бутоны роз могут принять очень уродливый вид.

Меры борьбы: сбор вручную, обычно проходя мимо роз обязательно просматривайте внутреннюю сторону листьев, тля легко снимается.

Чтобы избавится от тли экологическим способом, приготовьте жижу с крапивой или дудником, на 1 кг свежих листьев 10 литров воды. Дать настояться 2 дня и полить раствором разбавленным 1 к 20 поврежденные растения под корень. Еще один способ борьбы с тлей: разведите молоко с водой и обрызгайте этим раствором растения. Приготовьте раствор из луковой шелухи или чесночной шелухи и проведите обработку роз, очень неплохо помогает.

Можно развести мыльный раствор : хозяйственное мыло 200 гр на 10 л воды.

Главное не допускать глобального распространения тли, иначе все экологические средства борьбы будут не эффективными и вам придется уже использовать яды, что крайне не желательно.

**Иногда на розах появляется паутинный клещик.**

Чаще всего клещик вредит розам в жаркое лето, высасывая соки из растения, сильно его ослабляя. Меры борьбы: опрыскивание чистой водой или 0,1 - 0,2 % раствором ниуиф-100, препарат очень ядовит перед употреблением обязательно прочитайте инструкцию.

### Листовертки

Выедают почки, бутоны, цветки, впоследствии расселяются на листьях, скелетируя растение.

Меры борьбы: сбор и уничтожение поврежденных листьев, в период распускания листьев опрыскивание масляной эмульсией....

## Вертикальное озеленение - плетистые розы

Здравствуйте мои дорогие читатели. Сегодня мы с вами поговорим о вертикальном озеленении, а конкретно о **плетистых розах**. Человечеством создано немало легенд об этом божественно красивом цветке. Так, древние греки считали, что роза родилась из той же белоснежной морской пены, что и богиня любви Афродита. Боги, восхищенные красотой цветка, брызнули на него нектаром, и он начал источать неземной аромат. А однажды, когда Афродита мчалась к смертельно раненому Адонису, не разбирая дороги, через кусты роз, их острые шипы впивались ей в ноги, и капли ее крови окрасили белые цветы в алый цвет.

**Розы** пользуются заслуженной любовью садоводов, их ценят за красоту цветков и неповторимый аромат. Они давно стали обязательным элементом декоративного оформления дачных участков. Для **вертикального озеленения** незаменимы **плетистые розы**. Основное их предназначение - драпировать стены дома, украшать арки и перголы и старые деревья. Есть два вида плетистых роз. Первый - настоящие плетистые розы, или рамбле-

ры, сильнорослые с длинными, тонкими и гибкими побегами, мелкими и жесткими листьями. Они цветут исключительно обильно на побегах прошлых лет один раз в году в течении 30-40 дней, и только некоторые современные сорта при хорошем уходе цветут повторно. Мелкие цветки собраны в огромные кисти. Эти розы разводят в Англии с викторианских времен. Сейчас они утратили свою популярность из-за трудоемкости ухода за ними: требуют регулярной обрезки и частого опрыскивания из-за низкой устойчивости к мучнистой росе. Каждый год часть старых стеблей нужно вырезать, так как цветки образуются на длинных побегах предыдущего года.
Второй тип - это крупноцветковые плетистые розы. Они образуют куст высотой до 1, 5 м с дугообразными крепкими ветвями, эффектными листьями и крупными цветками, напоминающими цветки чайно-гибридных роз. У некоторых сортов крупные цветки собраны в соцветия. Проводить обрезку и ухаживать за этими розами гораздо легче, потому что цветки у них образуются на более коротких цветоносных побега, отходящих от старых стеблей.
Необходимо очень ответственно отнестись к выбору места для посадки роз, так

как им предстоит там расти не один десяток лет. Им подходят солнечные, хорошо проветриваемые участки. Полутень выносят лишь очень немногие сорта. Розам нравится тепло, и под защитой стены или забора они хорошо растут, но необходимо разместить их на достаточном для проветривания расстоянии.

Почва для выращивания роз должна быть плодородной, богатой гумусом, хорошо дренированной. Не подходят участки с застойным увлажнением, высоким стоянием грунтовых вод, с уплотненной почвой. Очень важна кислотность, почвы, оптимальной является РН 6,4- 7,5. Для плетистых роз теснота не помеха: они хорошо растут даже на маленьких и узких участках. Гораздо важней для них плодородная, хорошо окультуренная почва. Расстояние между шпалерой и стеной дома должно быть не менее 50 см, чтобы растения хорошо проветривались, а побеги было бы удобно подвязывать к опоре. При покупке саженцев роз обращайте внимание на то, чтобы побеги были зелеными, кора гладкой и неповрежденной, древесина вызревшей. Корни должны быть хорошо развиты, разветвлены, не пересушены. Лучшее время для посадки - ранняя осень, возможна и весенняя посадка, а в северных районах она даже желательна.

## Посадка плетистых роз.

*Здравствуйте дорогие читатели, сегодня поговорим с вами о правильной посадке.*

Перед посадкой корни саженца погружают на два часа в воду. Яма для посадки 50* 50* 50 см. На дно вносят полведра перепревшего навоза или компоста. Корни свободно расправляют по дну ямы. Место прививки на корневой шейке должно быть заглублено на 5 см ниже уровня земли. Слишком длинные и поврежденные корни обрезают, срез должен быть направлен вниз. Посадочную яму заполняют землей и утрамбовывают. Вокруг саженца оставляют небольшую канавку. Сразу после растение хорошо поливают, несколько раз заполняя канавку водой до краев. Побеги, возвышающиеся над уровнем ямы, после посадки присыпают землей в виде холмика. При посадке саженцев нужно позаботиться об опорах и предусмотреть достаточно места для развития побегов. Плетистые розы лучше высаживать с небольшим наклоном в сторону решетки, к которой их будут потом подвязывать.

В первый год после посадки **уход за розами** заключается в регулярном рыхлении почвы и поливе, борьбе с сорняками. Землю вокруг растений можно мульчировать, что будет сохранять влагу и препятствовать росту сорняков. Из-за того, что у роз глубокая корневая система, их лучше поливать не часто, но обильно (1 ведро на куст раз в 7-10 дней). Особенно чувствительны к высыханию почвы молодые растения. При недостатке влаги рост замедляется, а цветки мельчают и быстро увядают. При поливе вода не должна попадать на листья и цветы. Питательные вещества, внесенные при посадке, расходуются растением в течении двух лет. На третий год необходимо проводить подкормки, на которые розы хорошо реагируют. Ранней весной, после открытия роз, их поливают слабым раствором мочевины: 1 спичечный коробок на 10 л воды на 1 м кв розария. С мая по август розы подкармливают каждые две недели, чередуя настои коровяка, зеленого удобрения, золы и комплексного минерального удобрения, постепенно увеличивая дозу фосфора и калия. Осенью в конце сентября- октябре под розы вносят древесную золу из расчета полстакана на куст. На зиму побеги плетистых роз снимают с опор, связывают, укладывают на слой лапника, сверху плети укрывают лапником и листвой.

**Вьющиеся розы** нуждаются в **обрезке** с целью формирования кроны, оздоровления растения, получения обильного и продолжительного цветения. Смысл обрезки в том, чтобы оставить на кусте ограниченное количество наиболее сильных, молодых ветвей. Если плети чересчур длинные по сравнению с опорой, их тоже укорачивают. На взрослом кусте удаляют столько старых ветвей, сколько появляется новых из основания. Однократно цветущие плетистые розы лучше обрезать сразу после цветения, а повторно цветущие - ранней весной.

Часто недостаточно опытные садоводы принимают молодые побеги плетистых роз, идущие от самой основы растения, за дикие отростки, и срезают их. Однако такие побеги - признак здорового роста, с их помощью растение постоянно самоомолаживается. Молодые побеги нужно беречь, ведь на следующий год на них появятся маленькие веточки с цветами. Цель обрезки у вьющихся роз - помочь растению создать новые побеги, которые в будущем зацветут. Однако лучший способ побудить почки на молодых побегах тронуться в рост - это закрепить побег в наклонном или горизонтальном положении.

**Ремонтантные плетистые розы**, обильно цветущие как на старых прошлогодних побегах, так и на новых однолетних, при весенней обрезке нуждаются в удалении поврежденных ветвей и слабых боковых побегах. Если мы хотим иметь очень длинные побеги, то обрезку проводят в местах разветвлений, оставляя всякий раз более молодые побеги. Так можно получить отдельно ведущие побеги, которые быстро обрастут. Затем у них укорачивают только тонкие концы побочных веточек.

У однократно цветущих рамблеров весной укорачивают только тонкие кончики побегов, которые, как правило, бывают к тому же и слегка подмерзшими. Основную обрезку проводят по окончанию цветения. Тогда же вырезают и старые ветки в возрасте 3-4 лет. Крупноцветковые плетистые розы можно вообще не обрезать, а только подвязывать побеги на все более высоком уровне от земли. У старых растений боковые побеги обрезают на одну - две почки, но только после цветения, что стимулирует образование новых цветков.

# Как правильно сформировать куст плетистых роз

Еще одно очень важное правило для плетистых роз - правильно сформировать куст! У однократно цветущих роз увядшие цветки или соцветия обычно срезают целиком, а у повторно цветущих - увядшие цветки отщипывают, чтобы увеличить продолжительность цветения.

**Чтобы плетистые розы обильно цвели**, их стебли необходимо подвязывать к горизонтальным планкам или проволоке, что способствует образованию боковых побегов, несущих цветочные почки. Для этого лучше всего пользоваться шпагатом из натуральной или искусственной пеньки. Важно не затягивать веревку слишком сильно, чтобы не повредить побеги. Опоры для вьющихся роз можно установить везде: над воротами, калиткой в сад, дорожками и аллеями. Розы помогут украсить вход на более высокую террасу, проход во внутренний дворик. Подобрав длительно цветущие сорта, вы на все лето превратите свой сад в романтическую сказку. Если вы решили украсить плетистыми розами дорожки сада, например, увить арки или другие опоры, нужно позаботиться о достаточной ширине проходов, иначе существует опасность исцарапаться об острые шипы и порвать одежду. Но уже выведены новые сорта плетистых роз, почти лишенных шипов ( Мария Лиза и Виолет Блю). Они идеально подойдут для сада, где часто гуляют и играют дети. Интересным элементом оформления является так называемая башня из роз, когда растения группируются вокруг высокой стойки и обвивают ее.

Розы часто используют для украшения стен садового домика. Классикой стали красные вьющиеся розы на фоне белой стены. Существует маленькая хитрость: плетистые розы лучше расположить прямо под окном, а не в простенках между окнами, что заставит куст расти в ширину. Хорошо высадить белые вьющиеся розы перед покрытой плющем стеной. Чтобы избавить себя от излишних хлопот, нужно тщательно выбирать сорта доля посадки и крепко подвязывать розы. Не подходят сорта, подверженные поражению мучнистой росой.

Не выбирайте плетистые розы наугад - сначала изучите описания сортов и остановитесь на тех, которые наиболее подойдут для задуманных вами композиций в саду. И не рассчитывайте на эффектное цветение в первый же год, наберитесь терпения: наибольшей декоративности плетистые розы достигают через 3 года. В следующих статьях я вам расскажу о некоторых сортах плетистых роз. До встречи, хороших вам урожаев.

## Домашняя косметика из роз

*В этой статье мы с вами поговорим о том, как можно применить розы в косметических и целебных средствах.*

В своих статьях я писала вам о формировании куста роз, как правильно обрезать розы. Цветы, которые увяли советую не выбрасывать, высушить и применять их с пользой, о чем я вам сегодня и расскажу.

Цветки роз содержат до 15% розового масла, которое обладает антимикробным и ранозаживляющим эффектом. Экстракты из лепестков роз очищают и тонизируют кожу, хорошо снимают раздражение и отеки, обладают смягчающим и вяжущим действием. *Розовая вода* - одно из самых древних косметических средств, которые можно приготовить в домашних условиях.

Для приготовления *розовой воды* заливают 50 г лепестков розы 1 л холодной кипяченой воды, добавляют 200 г сахара, настаивают 2 часа, после чего смесь взбалтывают и процеживают. Хранят *розовую воду* в холодильнике. Это средство идеально подходит для ухода для кожи лица и шеи. Увядающая кожа станет упругой и эластичной, попробуйте протирать кожу дважды в день - утром и вечером.

*Розовая маска.*

Для приготовления розовой маски берем 1 ч.л. розовой воды, 1 ст. л. огуречного сока, 1 ст. ложку густых сливок. Полученную Смесь взбиваем до образования пены и накладываем на лицо толстым слоем. Через 15-20 минут маску снимают теплым полотенцем и протирают кожу розовой водой.

*Розовое масло.*

В эмалированную посуду засыпаем стакан душистых сухих лепестков розы, заливаем стаканом оливкого масла. Ставим смесь на водяную баню на 2 часа. Полученное розовое масло процеживаем. Несколько капель розового масла можно добавлять в любые домашние косметические средства. Масло тонизирует и питает нормальную и сухую кожу, делая ее эластичной.

*Розовая ванна.*

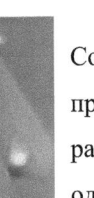

Согласно легенде такие ванны применяла прекрасная Клеопатра. На водяной бане растопить чашку меда, растворить его в одном литре горячего молока и добавить 2 ст. л. розового масла. Вылить смесь в воду для купания. Ванна обязательно сделает кожу нежной, гладкой и душистой.

Лепестки роз применяются не только в косметике и медицине, кулинары также с большим удовольствием используют их в своих рецептах.

*Розовый уксус.*

Стеклянную банку наполните до краев душистыми красными лепестками роз, залейте винным уксусом и придавите. Закрыв крышкой, оставьте на несколько недель в темном прохладном месте. Затем настой профильтруйте и разлейте по бутылкам ( лучше из темного стекла).

*Розовое вино* известно в Британии много веков. Его делали не только из лепестков роз, но и из плодов розы.

Для приготовления 5 л вина Вам потребуется столько свежих розовых лепестков, сколько их поместиться в 2-х литровой стеклянной банке. Лепестки заливают 4, 5 л воды, добавляют 1 кг сахара, плотно закрывают и ставят в теплое место для брожения. Можно добавить несколько ягод изюма. Через 5-7 дней добавляют еще 300 г сахара и устанавливают водяной затвор. В жаркое лето брожение продолжается около 2 недель, в более прохладное лето - 3 недели. Затем вино сливают с осадка и выдерживают в подвале в течении 1-1,5 месяца. После чего его можно разлить по бутылкам и закупорить.

*Розовый ликер.*

250 г красных душистых лепестков заливают 0, 5 л водки и настаивают 2-3 дня. Затем водку сливают и используют ее для повторного настаивания на новых лепестках. Так можно повторить 2-3 раза. Оставшиеся после последнего настаивания лепестки не выбрасывают, а заливают стаканом теплой воды и процеживают, добавляют по вкусу сахар. Этим раствором можно регулировать как сладость, так и крепость розового ликера.

## Флоксы

*Флоксы - роскошные многолетники.*

*Хотите у себя на участке иметь обильно цветущие, неприхотливые и не тре-*

*бующие особого ухода цветы - посадите флоксы!*

Нужно один раз увидеть эти цветы и флоксы навсегда поселятся у Вас в саду, каждый год радуя Вас обильным цветением. Флоксы имеют большой спектр цветов от белого до голубого. У меня пока поселились флоксы белого цвета, надеюсь скоро цветов будет больше. В первый год цветы меня немного расстроили, но так как лето было засушливое, а воды совсем не было, то и неудивительно. Этим летом все наладится, я в этом просто уверена! Вот небольшое руководство по выращиванию этих цветов, надеюсь эта информация Вам поможет.

*Флоксы* - многолетние растения, имеют большое количество стеблей и многочисленные неглубоко залегающие корни. Старые стебли осенью отмирают, и вся жизнь растения сосредотачивается в корнях, на которых образуются почки побегов будущего года. Рано весной, как только стает снег, побеги трогаются в рост. Их бывает значительно больше чем в прошлом году. Поэтому рекомендуется делить кусты на третий год после посадки и мульчировать их рыхлой перегнойной землей. Трехлетний куст обычно делят на четыре части. Каждый отдельный куст должен иметь 3-4 почки.

*Флоксы* - относительно светолюбивые и влаголюбивые растения, однако на низких местах могут вымокнуть или вымерзнуть. К почве неприхотливы, растут на структурной, умеренно влажной почве. Не любят слабопроницаемые тяжелые и кислые почвы. Для весенней посадки флоксов почву перекапывают осенью на глубину 25-30 см, вносят полуразложившиеся органические удобрения из расчета 1-1,5 ведра на 1 кв. м . Весной почву снова перекапывают, но на меньшую глубину и вносят суперфосфат (50-60 г на 1 кв.м.), золу (150-200 г) и костную муку (100-150 г на 1 кв. м). При осенней посадке флоксов необходимо учитывать степень рыхлости почвы и величину ее возможной усадки, иначе кусты будут мелко посажены. Корневая шейка оголится, и летом цветы будут страдать от солнца и ветров, зимой от морозов. Куст надо сажать так, чтобы верх корня находился на 3- 5 см ниже поверхности земли. Весеннюю посадку начинают сразу, как только почва оттает. Лучшее время для осенней посадки флоксов, когда на корневых шейках стеблей заложатся ростовые почки и пересаженные растения успеют укорениться до зимы (конец сентября). Осенью флоксы следует сажать вместе с надземными стеблями, обрезав только соцветия или кисти с семенами. Флоксы можно пересаживать и летом, но обязательно с комом земли. Расстояние между растениями 30-40 см для низкорослых сортов, 40-60 см для высокорослых. При такой посадке и хорошем уходе флоксы могут расти на одном и том же месте в течении трех-пяти лет без пересадки.

Уход за флоксами сводится в основном к внесению удобрений, поливам, рыхлению почвы, прополки сорняков и борьбе с вредителями. Рано весной, как только растения трогаются в рост, следует внести 30-35 г аммиачной селитры, 50-60 г суперфосфата, 40-60 г золы или других калийных удобрений на 1 кв. м. Удобрения вносят на глубину 3-5 см. Хороший результат дают гранулированные удобрения. Затем следует хорошо порыхлить почву и слегка окучить кусты, если есть возможность замульчировать. В конце мая следует провести подкормку раствором перебродившего коровяка в соотношении с водой 1:10 или раствором куриного помета 1:20. Третью подкормку проводят через 2- 3 недели теми же удобрениями, выливая на 4-5 кусов одно ведро раствора, если кусты большие. В последующих подкормках используется суперфосфат 30-40 г и калийные удобрения 20 г на 1 кв.м. при сухой погоде флоксы нужно обязательно поливать: недостаток влаги в почве ослабляет рост, ухудшает окраску цветов. Флоксы зимостойкие растения, зимуют без всякого укрытия. Как только начинаются заморозки, у самой поверхности срезают все побеги.

## *Размножение флоксов.*

Многолетние флоксы размножают вегетативно и семенами. Самый простой способ - деление куста. Легче поддаются делению молодые кусты. 4-5 летний куст можно разделить на 15-20 частей. При этом нужно следить, чтобы на каждой части были ростовые почки (глазки). Лучшее время деления кусов - весна и осень начало сентября. С делением не следует запаздывать, так как корни должны хорошо укорениться и подготовиться к зимовке. Хорошо размножаются флоксы зелеными черенками- в течении почти всего вегетационного периода. Черенкование обычно проводят с конца мая до второй половины июня. В этот период самый большой процент укоренения флоксов. Для заготовки черенка используется весь стебель. В конце лета и осенью в качестве черенков используются только верхняя не одревесневевшая часть стебля. Черенки обычно берут с 2 листовыми узлами. В течении первой недели их нужно хорошо поливать. Через 2-3 недели у черенков появляются корешки и растение тронется в рост. В течении лета высаженные черенки необходимо подкормить 2-3 раза навозной жижей или раствором минеральных удобрений.

## *Вредители*

Чаще всего молодые побеги флоксов повреждает черная тля. Поэтому не дожидаясь массового появления вредителя, нужно проводить профилактическое опрыскивание анабазин-сульфатом. Стеблевая нематома живет внутри побега и питается соком стебля. Пораженные растения можно определить по скрученным побегам и хилым листочкам, куст мелкий и цветы мелкие. В дальнейшем растение погибает. Пораженные кусты необходимо выкапывать и сжигать. Землю следует удалить и обработать формалином. На этом месте флоксы нельзя сажать 3 -5 лет. Ржавчина поражает растение в начале лета. На листьях появляются пятна, количество и размер которых по мере распространения будут увеличиваться. В дальнейшем листья засыхают и опадают. Особенно поражаются темные флоксы. Цветы опрыскивают бордоской жидкостью через 10-15 дней. Опрыскивание начинают ранней весной.

## Пионы

**Хотите чтобы ваши пионы цвели 48 дней вместо десяти ? Это возможно!**

*Можно ли увеличить период цветения пионов?*

Кто из нас не любит **пионы**, эти удивительные, роскошные цветы? К сожалению, цветут пионы от одной до двух недель. Как же сделать так, чтобы пионы радовали нас намного дольше? Оказывается, такие способы есть, их применяют в ботанических садах. Давайте и мы с вами попробуем эти методы.

Если у вас в саду есть несколько кустов пионов, можно часть кустов накрыть пленкой, благодаря которой создается микроклимат с повышенной влажностью и температурой. Под такой пленкой пионы зацветут на 7 дней раньше чем обычно. Если вы хотите, чтобы пионы зацвели позже, пионы укрывают по снегу в конце марта соломой, слоем 20-25 см предварительно утрамбовав снег. Солому нужно снять в конце мая, начале июня. Растения расцветут через 24 дня после того как отрастут. Таким образом ускоряя и замедляя период цветения можно продлить срок цветения пионов на 48 дней.

- Есть еще один способ ускорить расцветание пионов. Весной, как только пионы начнут отрастать, нужно поливать их раз в 5 дней подогретым до 30-40 градусов раствором минеральных удобрений и накрыть кусты пленкой. Ваши пионы зацветут на 8-10 дней раньше срока.

- Чтобы задержать рост пионов нужно уплотнять зимой снег вокруг кустов и поставить над пионами ящики размером 60*60*10 см, заполненные опилками слоем в 10 см. Таким образом такие кусты зацветут позже обычных на 10-12 дней.

- Чтобы ускорить цветение ранних сортов пиона на 8-10 дней нужно поливать их, когда снег растает горячей водой (50-60 градусов) 1-2 ведра на куст. Поливать нужно 3-4 раза через 2-3 дня, дальше поливать по необходимости теплой водой.

- Еще один способ продлить цветение пионов - удаление молодых побегов. Как только пригреет солнышко и начнут отрастать молодые побеги, ждут когда ростки достигнут 5-8 см и срезают, оставив над поверхностью почвы 2-3 см. Обрезать нужно или все побеги, или только половину. Через 1-1,5 недели на месте среза начинают отрастать побеги, и что самое интересное на месте одного среза появляется два побега, и оба с цветочными почками. Пионы после обрезки зацветут на 15-18 дней позже срока. С помощью такого способа мы задержим цветение пионов на две недели и получим более обильное цветение.

*Таким образом, дорогие садоводы, мы с вами можем наблюдать за роскошным цветением наших пионов почти 2 месяца, вместо обычных 10 дней.*

# Радужные ирисы

**Ирисы** *Слово "Ирис" в переводе с греческого означает - радуга !*

**Ирисы**- многолетние корневищные растения. Цветы ирисов изящны, отличаются разнообразием окраски и оттенков. У нас на участке пока только один вид ириса, надеюсь пополнить коллекцию ирисов этой весной. Ирисы любят солнечные места, могут мириться с полутенью, но полного затемнения не выносят. К почвам нетребовательны, но лучше растут на хорошо удобренных и рыхлых почвах, можно подсыпать речного песка для улучшения условий проживания ириса. На сырых, не дренированных почвах растут плохо и часто погибают от загнивания корневищ. Весной нужно тщательно осмотреть растения, удалить прошлогодние листья. Осматриваем корни, если они немного подмерзли срезаем до здоровой ткани и посыпаем древесным углем. На одном месте ирисы растут и цветут в течении 5-6 лет, затем цветение начинает ослабевать, корни сильно разрастаются и цветы необходимо пересаживать. Лучшие сроки для пересадки- август или весна. У пересаживаемых растений листву и корни укорачиваем не менее чем на одну треть их длины. Расстояние между растениями 25 - 30 см. Ирисы любят как органические так и минеральные удобрения. Особенно хорошо влияет подкормка разбавленным коровяком. Подкармливать летом нужно два раза - в начале мая и в июне. При отсутствии навоза можно использовать минеральные удобрения из расчета: 50 г суперфосфата, 20-30 г сульфата аммония, 20-30 г - калия на 1 кв.м. Можно удобрять золой, чтобы цветы ирисов были крупнее и ярче.

### Размножение ирисов.

Ирисы размножаются главным образом делением корневища. Выкапываем куст из почвы, осторожно режем на части так, чтобы каждая часть имела не менее 2-4 хорошо развитых почек и корни размером 8-10 см. Места разрезов присыпать порошком древесного угля. Корневища можно немного посушить перед посадкой на солнышке.

## Луковичные цветы !

### Весна - пора луковичных !

*Если Вы хотите, чтобы ваш сад весной встретил Вас первоцветами, об этом нужно позаботится еще осенью.*

Луковичные лучше высаживать небольшими группами, среди многолетников. Этой осенью мы посадили тюльпаны, крокусы, мышиный гиацинт под всеми деревьями. Для этого мы подготовили почву - перекопали, добавили земли, песка, компоста и удобрений( золы и Нитроаммофоску). Желательно слой земли приподнять на 15-20 см, чтобы не травмировать корни деревьев. На подготовленную землю разложили луковицы, стараясь составить какую-то композицию, я высаживала по 5-7 луковиц на одном месте. Мышиный гиацинт, крокус и подснежник высаживают на небольшую глубину - 5 см, тюльпаны и гиацинты садят на глубину 15 см. Есть основное правила для посадки луковичных - глубина посадки должна быть - три размера вашей луковицы. Под деревья я пересадила и хосты с папоротниками, когда первые весенние цветы отцветут придет черед этих красивых растений, листья первоцветов уже увядшие скроются под зеленью хосты.

*Попробуйте посадить луковичные в цветочные горшки*, так вы сможете украсить любой уголок своего сада. Интересное решение - использовать для посадки ячейки из под яиц. Цветочный горшок наполните землей. Перемешайте с песком и перегноем и удобрениями, не доходя до края горшка 5- 10 см уложите лоток из под яиц, и в него посадите ваши луковицы. Засыпьте сверху землей и листьями, чтобы луковичные отлично перезимовали.

**Немного об <u>ирисе</u>:**

*Ирис*- очень теплолюбивое растение, поэтому садите его на глубину 1- 2 см, в идеале корневище должно быть максимально освещено солнечными лучами. Пересаживают ирисы после цветения в июле.

*Тюльпаны и другие луковичные* после цветения необходимо поливать и удобрять, если вы хотите, чтобы на следующий год они порадовали Вас хорошим цветением. Выкапывать луковичные нужно после того, как листья полностью увянут. Если Вас не устраивает вид вашей клумбы после цветения, луковичные можно аккуратно выкопать вместе с комом земли и перенести их в заранее удобренное, неприметное место, где они накопят достаточное количество питательных веществ для следующего цветения.

**Довольно часто возникает вопрос: Как лучше хранить луковичные?**

Все клубни очищают от земли. Обрабатывают специальными препаратами (фунгицидами и инсектицидами) и помещают в сетки, можно использовать старые чулки, лотки из под яиц, или специальные пластиковые корзинки. Желательно подписать клубни, сорт и цвет, чтобы весной вы могли создать великолепные композиции.

*Летние луковичные* - лилии, гладиолусы, канны украсят Ваш сад, когда весенние первоцветы уже отцветут. Многие лилии морозостойки, их нужно садить осенью на расстояние 20 см, так как у многих лилий корни образуются на стебле, который находится под землей. Гладиолусы и канны садят весной, в прогретую почву, на зиму их оставлять нельзя. Хранят клубни так же как и все луковичные в темном, сухом месте.

Очень популярными становятся декоративные луки, их огромное количество и купить понравившиеся растения вы сможете в садовом магазине.

Порадуйте себя весенними первоцветами!

# Весенняя радость - гиацинты !

*Осень вступила в свои права, успели ли вы посадить луковичные, чтобы порадовать себя весной? Самыми последними из луковичных садят именно гиацинты, примерно после 10 октября. Именно об этих чудесных весенних цветах и будет идти речь в этой статье. Гиацинты* - украшение любого сада. Родина этих цветов - Южная Европа, Азия и Северная Африка. Гиацинты- луковичные растения, имеющие высоту цветоноса- 20-30 см. Листья у гиацинтов сочные, ярко-зеленые, собраны у основания. Цветки кажутся вылитыми из воска, имеют очень приятный аромат и нежную окраску - белую, кремовую, розовую, голубую и синюю - всевозможных тонов. Один раз посадив у себя эти чудесные цветы, вы ни за что не захотите с ними расстаться.

Одним из видов гиацинтов - *мышиный гиацинт* ( мускари) - относится к семейству лилейных. Это одно из самых неприхотливых луковичных растений, цветет даже на тяжелых глинистых почвах, а на хорошей почве дает очень крупные соцветия. Мускари обычно синего цвета различных оттенков. Имеются виды с белыми, лилово-голубыми цветами. Мышиный гиацинт- невысокое растение, с длинной стрелкой -10-15 см. Цветут эти цветки до 20 дней и более. Эти цветы - часто называют корсажными. И действительно, они удивительно украшают платье, особенно белое :)

Растут и хорошо цветут мускари как в тени, так и на солнце. Особенно красиво смотрятся в бордюрах и на рабатках, на альпийской горке.

**Как правильно сажать гиацинты:**

Перед посадкой внимательно просмотрите луковицы - очистите от загнивших чешуек, удалите старые и больные корни. Желательно продезинфицировать в 0,1 % марганцовки примерно 20-30 минут. Подбираем участок для посадки - земля должна быть достаточно рыхлая, если почва тяжелая добавляем песок, почва должна быть богатой органическими веществами, можно добавить уже в лунку суперфосфат и костную муку. Крупные луковицы сажаем на глубину 8- 10 см, а детки - на 5-7 см. На дно лунки подсыпаем песок, песок в данном случае препятствует проникновению болезнетворных организмов. Гиацинты быстро укореняются при температуре почвы не выше 9 градусов. Желательно прикрыть *гиацинты* на зиму толстым слоем древесных опилок, торфа или листьями.

Рано весной, еще по таломерзлой почве, делаем минеральную подкормку полным минеральным удобрением, вторую подкормку - азотными и калийными удобрениями - делаем во время цветения. Убираем луковицы после тюльпанов. Сушим луковицы в затемненном теплом месте.

Очень многие садоводы занимаются выгонкой гиацинтов зимой в квартире. Ранние сорта гиацинтов готовят в декабре. Существуют специальные гиацинтовые стаканы и вазы. Конечно это увлекательное занятие и труды конечно же сторицей вознаграждаются, но я пока за это дело не берусь :)

## Клематис

*Если есть королева сада - роза, то должен быть и король. Клематис является идеальной лианой для вертикального озеленения.*

**Клематис** неприхотлив, хорошо переносит низкие температуры, великолепно приспосабливается к различным почвенно-климатическим условиям, декоративен до глубокой осени. Особенную ценность представляет очень быстрый рост побегов, обильное и продолжительное цветение. Существует ли еще в природе растения, которые могут непрерывно цвести более трех месяцев? **Клематисы** покрываются сотнями белых, голубых, фиолетовых, синих, лиловых, розовых, красных и почти черных цветков. Их цветение начинается в июне и продолжается до конца октября. Ну как ? Впечатляет? Обязательно посадите у себя этот замечательный цветок.

*Клематисы* можно с успехом использовать для украшения садов, создавая из них арки, стенки, обвивать перголы и беседки, декорировать стены домов. Множество сортов клематиса позволяет подобрать окраску, которая больше всего нравиться.

Многие считают клематисы капризной и трудоемкой культурой. Действительно, для успеха необходимые определенные знания: выбор места, правильная посадка лианы, установка соответствующей опоры, грамотная обрезка и укрытие на зиму. Если вы все сделаете правильно, клематисы превратят любой сад в цветущую сказку.

Начнем с того, что любят эти растения. Клематисы светолюбивые растения, им требуется не менее 7-8 часов солнечного освещения в сутки. Плохо переносят сквозняки. Хорошо растут на любой удобренной огородной почве, но не любят кислых почв. Лучше всего подходит богатый перегноем рыхлый суглинок. Клематис любит влагу, но застоя воды не переносит. Вегетация у клематисов начинается рано, поэтому при весенней посадке они медленно приживаются и отстают в росте. Поэтому их лучше высаживать осенью.

Для успешного роста клематисов почву нужно тщательно подготовить. Для одного растения выкапывают яму 70 на 70 см, на дно ямы для дренажа насыпают гравий слоем 10 см. В грунт, выбранный из ямы, добавляют 2 ведра перегноя, 150 г полного минерального удобрения, 2 стакана древесной золы и 100 г гашенной извести и тщательно все перемешивают. Подготовленный субстрат насыпают холмиком на гравий и по нему расправляют корни растения, затем их засыпают влажной землей так, чтобы сверху они были покрыты не менее чем на 5 см, а до края ямы оставалось 5-10 см. Оставшееся после посадки пространство заполняют сухой листвой, торфом или другой мульчей, которую весной снимают. На следующий сезон по мере роста растения выемку постепенно заполняют землей до краев. Если ее засыпать сразу, саженец может задохнуться и погибнуть. заглубление при посадке корневой шейки на 1 узел ( до первой пары почек) способствует формированию мощного центра кущения, корни меньше страдают зимой от морозов, а летом от перегрева. Рекомендуется сажать клематисы на расстоянии 1,2 м друг от друга. Желательно уже при посадке установить растению соответствующую опору, чтобы потом не расправлять плети. Если клематисы посажены правильно, они хорошо зимуют под снежным покровом и морозы им не страшны. Гораздо опасней для клематиса оттепели, особенно когда образуется ледяная корка, которая может повредить основания побегов. Чтобы избежать этого клематисы с наступлением холодов укрывают.

Уход за растением сводится к рыхлению земли вокруг кустов, прополке сорняков, регулярному поливу и подкормкам. Поливать нужно 1 раз в неделю, но очень обильно. Чтобы почва не высыхала, землю вокруг растения мульчируют, что предохраняет почву от высыхания и перегрева. Как и у всех растений - выходцев из леса, у клематиса желательно притенять нижнюю часть. Для этого у клематиса с солнечной стороны желательно посадить невысокий кустарник или многолетник.

# Как правильно обрезать клематис

Поговорим с вами, как правильно обрезать клематис, чтобы он порадовал вас обильным и продолжительным цветением.

Чтобы ваше растение обильно и продолжительно цвело, необходимо грамотно и своевременно проводить обрезку побегов. Загущенные растения с хаотично переплетающимися стеблями, скрученными листьями и бутонами выглядят неприглядно. В мае у сильно рослых сортов часть побегов обрезают, оставляя не более 10. У старых растений в мае- июне вырезают все слабые и мелкие плети, тогда оставшиеся цветут более обильно. По мере роста побеги расправляют по опоре веером, при необходимости подвязывают. По окончании массового цветения в конце июля у половины стеблей срезают отцветшую часть, а остальные укорачивают до 15 см. Через месяц на отросших из спящих почек побегах раскроются новые бутоны, которые покроют весь куст и цветение продлиться до заморозков.

У сортов со слабым образованием побегов можно усилить цветение с помощью все той же обрезки. Весной у отросших на 2-3 узла стеблей прищипывают верхушки. Выросшие из спящих почек побеги вновь укорачивают над третьей парой почек. В результате усиливается ветвение куста.

Очень важна **осенняя обрезка клематисов**. У сортов, которые цветут на побегах текущего года, перед укрытием на зиму обычно срезают все побеги, оставляя 10-15 см. Основание куста засыпают сухим песком, торфом или опилками, закрывают полиэтиленовой пленкой. Если на кусте оставить несколько стеблей длиной до полуметра, цветение в следующем году наступит на 2 недели раньше.

Крупно цветковые гибриды,которые цветут на стеблях предыдущего года, требуют укрытия стеблей на зиму. Перед этим вырезают все больные и плохо развитые побеги. Остальные осторожно снимают с опор, обрезают примерно на треть длины и до морозов укладывают на землю, подстелив ветки или лапник. После установления морозов стебли накрывают лапником, сверху можно положить рубероид или пленку. Но если перестараться с укрытием, клематисы могут загнить и погибнуть. Можно присыпать стебли и землей, но только тогда ранней весной необходимо своевременно освободить их от укрытия.

Нередко когда вы приобрели новое растения- вы не знаете к какому сорту принадлежит клематис, будет ли он цвести на побегах молодых или прошлогодних. Поэтому не можете определить обрезать побеги на зиму или сохранять. Попробуйте установить сами, требует клематис обрезки или нет. Для этого посадите 2 саженца одного сорта. Осенью побеги одного куста обрезают до 10-15 см, а у другого сохраняют, срезав лишь верхнюю отцветшую часть. Такую процедуру повторяют 2-3 раза, пока не станет ясно, как проводить обрезку. Если же саженец у вас всего одни, то определение проводят поочередно: один год побеги обрезают, на другой сохраняют на зиму.

## Использование клематиса в оформлении сада.

Любой сад можно сравнить с помещением, где вместо потолка - небо, стенами служит деревья, кустарники, живая изгородь, полом- газон, садовые дорожки. Клематисы помогают преобразить этот "дом": они могут закрыть от посторонних взглядов какой-то уголок или направить внимание на что-то интересное или привлекательное в вашем саду. Эта роскошная лиана не предназначена для маскировки недостатков построек, облупившейся штукатурки или покосившегося забора. Прекрасное зрелище цветущего клематиса требует соответствующего фона. Клематисы смогут украсить только ухоженный участок: цветущие вертикали оживят зелень газона, очень красиво клематис будет смотреться в виде трильяжа или арки.

Гибриды с крупными цветками изысканной окраски и формы имеет смысл размещать в местах, где ими удобно любоваться. Например, их можно использовать для оформления беседок или открытых веранд. Вход в сад можно украсить в виде арки, увитой мелкоцветковыми видами, тем более что эти виды имеют очень приятный аромат.

Чаще всего клематисы используют для украшения стен садового домика. Лучше всего размещать их у южной или юго-западной стены. На растения ни в коем случае не должно капать с крыши. Растения сажают на расстоянии 30-60 см от здания, опору располагают не ближе 20 см (стены могут сильно нагреваться, что для клематиса нежелательно). Если вы посадите клематис возле дома - вашему растению понадобится дополнительный полив, так как вблизи фундамента почва более сухая. На фоне светлых стен дома хорошо будет смотреться клематисы с малиновыми, пурпурными, фиолетовыми цветами. Дом из красного кирпича украсят белые, голубые и розовые клематисы. Не стоит перегружать стену большим количеством растений. Если домик имеет несколько окон, то одно из них без ущерба для освещенности, можно увить цветущими побегами. Низкорослый клематис можно использовать для декорирования пространства от земли до подоконника.

**Клематисы** с большим успехом можно использовать для создания ширм, которые поделят пространство и помогут создать укромное место для отдыха. Для этого подойдут сорта с хорошей побего образовательной способностью. Можно достичь замечательного эффекта, высадив несколько растений по одну сторону садовой дорожки. Прекрасные композиции получаются из сортов разной окраски, например, белого или светло-розового с темно-лиловым. Не обязательно, чтобы время цветения полностью совпадало,- лучше, если оно "перекрывается".

Известно, что тюльпаны и нарциссы после цветения выглядят неприглядно. Можно исправить этот недостаток, разместив участок с луковичными растениями позади трильяжа с клематисами, которые летом закроют его от взглядов красиво цветущей стенкой. Устанавливая трельяж, не следует упускать из виду, что **клематисы** распускаются на солнечной стороне.

Для живой изгороди, отделяющей соседние участки, подойдут морозостойкие мелкоцветковые виды, не требующие зимнего укрытия, - клематис тангутский, виноградолистный, прямой.

## Как правильно выбрать опору для клематиса

Клематисы - удивительные, нежные создания и для того чтобы они радовали вас обильным цветением очень важен выбор опоры для их выращивания.

Опоры должны быть практичны, удобны для растения и красивы. Диаметр опоры не должен превышать 2 см, иначе черешки листьев не смогут ее обвить. Для несущей конструкции чаще всего используют оцинкованные трубы, с которыми хорошо сочетаются деревянные решетки, натянутая сетка из капроновой веревки или толстой лески с ячейкой 15*15 см. Очень немаловажен момент - высота опоры. Побеги должны скрывать ее, и тогда ковер из цветков и листьев как бы парит в воздухе. Великолепно выглядит увитые цветущими побегами клематиса затянутые сеткой обручи диаметром около 1 м, которые прикрепляются к трубе горизонтально на разной высоте.

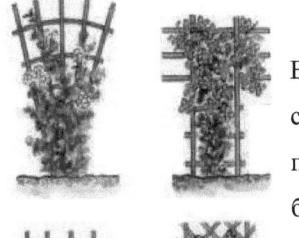

Выбор конструкции опор зависит и от сорта клематисов. Если они цветут на побегах прошлого года и не подлежат обрезке, то верхняя рейка опоры должна быть съемной. Это облегчает укрытие растений на зиму.

В качестве опоры для клематисов используют и фонарные столбы, водосточные трубы, навесы, ограды, снабдив их устройствами для крепления (шнуры, проволока, сетка). При выращивании молодых растений можно воспользоваться обыкновенным шестом. Декоративный фонарь в течении нескольких лет будет выполнять роль живописной опоры. Для клематисов нередко служат опорами и живые кусты чубушника или сирени. Лиана поднимается по ним вверх, свободно свешивается, и во второй половине лета кустарники скрываются под каскадами цветов.

Тому, кто только начал осваивать эту культуру, можно порекомендовать не гоняться за редкими новинками, а приобрести известные, давно зарекомендовавшие себя сорта. Их основным достоинством является живучесть и обязательность цветения, несмотря на капризы природы и ошибки садовода.

## Дельфиниум

В нашем саду недавно появились удивительные цветы- **дельфиниумы**. Переселились они из маминого сада, один из них небесно-голубого цвета, другой белый. Цветы мне очень понравились и я решила покопаться в литературе, чтобы побольше узнать об этих удивительных цветах. Этой информацией и хочу поделиться с вами, дорогие читатели.

Само название дельфиниум получил конечно-же за необычайное сходство бутонов этого цветка с телом серого дельфина, который обитает у берегов Греции. Народные названия дельфиниума в России - живокость или шпорник. Мне название дельфиниум больше по душе, да и в цветоводстве принято называть его этим латинским наименованием.

Окраска цветков у разных видов очень обширная, но

у большинства растений она голубая или фиолетовая. Голубой оттенок - это основное достоинство дельфиниума, благодаря своей расцветке эти цветы стали такими популярными. Голубой цвет для цветов довольно редкий, за это и любят эти роскошные многолетники. В литературе эти цветы называют "Синим чудом садов", "Королем синих красок". Цветки у дельфиниумов собраны в соцветия. Самый примитивный тип соцветия дельфиниума - метелка, которая имеет 3-15 цветов. В таком соцветии верхние цветки как правило зацветают раньше, чем нижние. У более развитых видов соцветие представляет собой пирамидальную кисть, состоящую из 50-80 цветков. Цветки таких растений распускаются снизу вверх. Бывает и такой феномен, когда ось соцветия заканчивается одним крупным, правильным цветком. Такое явление называется пелорией.

Большинство дельфиниумов - очень высокие растения, некоторые экземпляры могут достигать даже высоты 3-4 м. Из-за этого бытовало мнение, что раз дельфин не может жить в аквариуме, то и цветок дельфиниум не пригоден для маленьких садов. Однако селекционерами уже выведены низкорослые сорта дельфиниумов высотой 20-30 см, которые уже давно с успехом используют для посадки в альпинарии и в бордюрах.

Листья у дельфиниумов разнообразны по форме, а их число очень часто зависит от характера почвы, на которой они растут. При бедной почв, где мало питательных веществ у растения листьев мало, на хорошо удобренной почве листьев гораздо больше. Весной, в самом начале роста часто окраска листьев указывает на будущую окраску цветов. Растения, которые имеют красноватые или коричневые листья цветки будут темноокрашенные, у растений со светло зелеными листьями цветки белые или бледно голубые.

У большинства дельфиниумов корневище - кистевидное, от которого отходят многочисленные придаточные корни, а главный корень отсутствует. Растения с такими корнями растут весь вегетационный период и цветут в начале лета и осенью. Со временем у старых растений центральный корень отмирает, а боковые побеги превращаются в самостоятельные растения. Строение корней может меняться в зависимости от условий почвы, а главное наличие в ней влаги. Если почва каменистая или песчаная вместо корневища у растения образуется стеблекорень, который может уходить на большую глубину.

Культурный дельфиниум лучше всего развивается если лето прохладное и влажное. Дельфиниумы прекрасно переносят зимы под снежным покровом, выдерживают даже большие морозы. Гораздо хуже растения переносят частые оттепели, что может привести к гибели растения. На одном месте дельфиниум может находиться до 8 лет, так что при посадке выберите удачное место, чтобы не травмировать растение частыми пересадками. Цветут дельфиниумы примерно 20-30 дней. Если обрезать стебли после цветения, то осенью вы сможет насладиться повторным цветением этого благородного цветка.

## Размножаем дельфиниум семенами

Здравствуйте дорогие читатели, дельфиниумы занимают большое место среди декоративных многолетних растений, сегодня мы с вами попробуем размножить его семенами.

Можно купить уже готовые семена, а можно использовать семена вашего растения. Если внимательно посмотреть на растение можно заметить плоды дельфиниума - так называемые листовки, в них расположены семена. Листовки, которые созрели достигают около 4 см. Обычно в каждом цветке их не более 3-х, если растение с полумахровыми цветками их может быть и больше 4-8. Созревают семена в конце июле- августе. Осенью **семена дельфиниума** осыпаются и начинают прорастать, появляются всходы, которые зимуют под снегом. После заморозков и потеплений в ростках происходит изменение реакции клеточного сока и растение меняет свою окраску. Поэтому чтобы избежать этого, семена собирают и высаживают весной в теплицах или парниках. Самый лучший срок для посева семян - март. Семена высаживают в ящики, заполненных земляной смесью, которая состоит из дерновой земли, торфа или перегноя. Перед посевом землю лучше просеять через сито, выровнять и хорошо полить. Семена лучше высевать в разброс. После посева семена слегка вдавливают дощечкой, осторожно поливают и сверху просеяв через мелкое сито землю слоем 3 мм. Для того чтобы земля не пересыхала ящики накрывают газетой или мешковиной. Поливать можно через бумагу, иногда нужно приподнимать покрытие и следить за влажностью. Если вы увидите, что семена проросли их нужно слегка присыпать землей, так как свет задерживает прорастание. Если температура 12-15 градусов, то всходы появляются на 8-10 день. Тогда бумагу или мешковину снимают, но от солнца всходы следует притенить. Где-то через месяц нашим сеянцам становится тесновато и можно рассадить их в другие ящики с такой же смесью. Если саженцы слабо развиваются их можно подкормить минеральным удобрением. На цветники растения можно высаживать в начале мая, если уже нет заморозков. Иногда пользуются осенним ( в октябре-ноябре) посевом прямо в грунт. На грядках проводят бороздки глубиной 0,5 см делая между грядками расстояние 4-5 см, высевают семена дельфиниума заделывая их землей или присыпают смесью торфа с песком. После посева грядки накрывают лапником или мешковиной. Когда вы заметите появившиеся всходы укрытие нужно снять и оставить до весны следующего года. Но, как я говорила раньше осенние посадки не оправдывают себя, если вы хотите получить сортовой дельфиниум.

## Размножение дельфиниума

В этой статье мы поговорим - как размножить дельфиниум с помощью черенков, почками и делением корневища.

Если в саду у вас есть старые растения дельфиниума, то вы можете размножить его **черенками**. Делать это нужно в мае или августе. Если вы присмотритесь к вашему растению, увидите побеги, которые появляются у корневой шейки, их можно срезать и использовать в качестве черенка. Нижняя часть черенка не должна иметь полости. Срезанные черенки лучше всего обработать гетероауксином( 0,01 %) и высадить в песок или смесь торфа с песком на небольшую глубину, примерно 2 см. Черенки нужно регулярно поливать и притенять от солнца, тогда при температуре 20-25 градусов через две- три недели ваши черенки дадут корни, после чего их можно пересаживать на постоянное место проживания.

### Размножение почками

После того как ваш дельфиниум отцветет (конец июля начало августа) у корневой шейки образуются крупные почки возобновления, которые с успехом можно использовать для черенкования. Почки нужно срезать острым ножом без кожицы старого стебля, это предохранит от переноса болезней от старого растения. Главное преимущество такого метода состоит в том, что почки можно пересылать в любое место.

Срезанные почки высаживают на глубину 1,5 - 2 см в смесь торфа с песком, обильно поливают и притеняют от солнца. Корни при таком размножении могут появиться через 4- 5 недель. Растение можно пересадить на постоянное место обитания.

## Размножение делением корневища

**Дельфиниум** в возрасте 3- 4 года можно размножить делением корневища. Выкапываем наше растение и разрезаем вдоль старых стеблей, так чтобы у вас получились части у которых имеется не менее одного побега или почки возобновления и достаточное количество здоровых корней. От одного корневища полноценного растения можно получить 4-10 частей. Делать это нужно весной, в начале роста или после цветения. После цветения нужно удалить стебли, и как только начнется новый рост растение выкапывают и делят так же как и весной. Если вы провели деление корневища поздней осенью, растения хуже приживается и может погибнуть от гнили.

## Как правильно посадить растение-дельфиниум

Самым лучшим сроком посадки считается конец августа - начало сентября. Это связано с тем, чтобы растение успело хорошо укорениться перед началом заморозков. На каком расстоянии садить растения зависит от сорта и вида вашего дельфиниума. Так высокие гибридные дельфиниумы высаживают на расстоянии 50-60 см друг от друга. Самое лучшее место для дельфиниума считается затененное в полуденные часы, это сохраняет яркость окраски этого удивительного растения. На выбранном месте для посадки выкапывают ямки глубиной до 50 см и шириной 40 см. Землю, которую вы выкопали желательно смешать с перегноем, торфом, добавить минеральные удобрения (50 г на 1 растение) и горсть золы или извести. Смешанную землю высыпают обратно в ямку, оставив углубление по размеру корня. Правильной считается посадка - если корневая шейка с почками возобновления находится на уровне поверхности почвы. Растение после посадки хорошо поливают. Не забывайте рыхлить почву и удалять сорняки. Ваш дельфиниум будет долгие годы радовать вас своим неповторимым цветением.

## Ухаживаем за дельфиниумом правильно

В этой статье мы с вами обсудим как правильно ухаживать за дельфиниумом.

Конечно речь пойдет о взрослых растениях, старше года. Весной, когда побеги на вашем растении достигнут 15-20 см, их нужно подкормить минеральными или жидкими органическими удобрениями. Из органических удобрений подойдет раствор коровьего навоза. Приготовить его просто: 1 часть коровьего навоза на 10 частей воды. На 5 взрослых растений нужно 1 ведро раствора. Дельфиниуму очень нравится мульчирование торфом или перегноем. Мульчу насыпайте 2- 3 см слоем, после того как вы тщательно удалите все сорняки и хорошо прорыхлите почву. Чтобы ваше растение хорошо цвело дождитесь, когда стебли достигнут высоты 20-30 см и начинайте прореживать растение, оставив 3-5 стеблей. Удалять нужно слабые стебли у самой поверхности почвы, начиная с внутренней части куста. Если вы удалите лишние стебли вы обеспечите вашему растению хорошую циркуляцию воздуха и сократите возможность заболеваний. Еще один способ вместо весеннего прореживания - удалить лишние почки возобновления осенью. В этом случае уже весной все питательные вещества будут поступать в оставшиеся стебли и ваше растение будет развиваться полноценно и гораздо быстрей.

Когда ваш дельфиниум достигает высоты 40-50 см к нему необходимо поставить опоры. Лучший вариант поставить опоры в виде треугольника, вбив их на небольшом расстоянии от корневой шейки. Высоту опоры выбирайте в зависимости от вида вашего растения, для некоторых гибридов, которые могут достигать высоты до 2 м, опора должна быть соответствующей высоты. Другой вид опоры- это металлический прут, который сгибают в виде полукруга. В этом случае растение очень комфортно себя чувствует, ему не страшны ветра и непогода. Так как у дельфиниума самое чувствительное место - где соединяется стебли и корневище, то подвязывать дельфиниум нужно на высоте 40-50 см. Используйте для подвязки полоски хлопчатобумажной ткани, так как во время ветра другие материалы могут впиваться в стебли и сломать растение. Высокие растения нужно связывать в нескольких местах , так как под действием ветра и дождя стебли могут сломаться.

## Как правильно поливать дельфиниум

За весь период роста каждому растению необходимо около 60 л воды. Если лето засушливое под каждое растение нужно выливать 2-3 ведра воды в неделю. Лучше поливать 1 раз и много, чем поливать растение слегка, так как вы увлажняете лишь верхний слой почвы, и это дает очень мало пользы. Рекомендуется так же рыхлить почву возле растения и мульчировать. Увеличивать полив нужно, когда вы увидите что ваш цветок готовиться зацвести, однако тоже не переусердствуйте. Если воды будет слишком много, то могут образоваться участки без цветков. В этом случае попробуйте подкормить ваше растение фосфорно-калийным удобрением. Развести его можно 20 г на 1 ведро воды, и удобрить каждое растение 1 л удобрением.

После того, как ваше растение отцвело, если вы не собираетесь собрать семена, все стебли растения срезают. Когда начинают появляться новые стебли и осенью ваше растение порадует вас повторным цветением.

Осенью, после того как листья засыхают все стебли срезают, оставляя пенёк высотой -25-30 см. В этом случае вода меньше будет попадать на корневище, предохраняя растение от гнили.

Дельфиниумы хорошо переносят зимы, особенно если зимуют под снегом. Если снега выпадает мало, то лучше накрыть растения лапником или соломой.

## Чем болеет дельфиниум ?

Как и человек, все растения, к сожалению подвержены болезням. Дельфиниумам причиняют вред вирусные, бактериальные и грибные болезни. В большинстве случаев болезням подвергаются слаборазвитые растения при плохих погодных условиях.

Существует так называемая "астровая желтуха" вирус которой заносят на растения различные насекомые. Как выглядит эта инфекция? Соцветия дельфиниума становятся пучковидными, а листья начинают желтеть. К сожалению, такое растение придется удалить.

Наиболее частые заболевания у дельфиниумов: кольцевая пятнистость, табачная мозаика. В этом случае у больных растений на листьях появляются желтые, оранжевые или коричневые пятна. Листья у растений постепенно отмирают, растение заметно замедляется в росте. Для предотвращения этих заболеваний необходимо уничтожать насекомых (переносчиков вируса), и удалять больные растения.

Более опасные заболевания у дельфиниумов - бактериальные - черная пятнистость листьев. Обычно растение подвержено этому заболеванию при прохладной и влажной погоде. При этом виде заболевания на листьях начинают появляться черные пятна, с нижней стороны имеют коричневый окрас. Пятна обычно появляются на нижних листьях и постепенно уходят вверх, пока от растения останется один почерневший стебель. Для профилактики этого заболевания осенью рекомендуется убирать опавшие листья, в которых зимуют бактерии, и рекомендуется перекопать почву вокруг растений.

Есть и другая опасная болезнь дельфиниума - бактериальное увядание. Появляется чаще всего в жаркую и влажную погоду. Болезнь начинается с пожелтения нижних листьев и появления черных или коричневых пятен. Если разломать стебель внутри окажется клейкая масса с неприятным запахом. Стебель чернеет и отмирает. Для профилактики пользуются следующим способом: семена перед посадкой выдерживают в воде 50 градусов в течении 30 минут.

Среди грибных заболеваний наиболее распространенная - мучнистая роса. Споры грибов попадают на растения с водой, переносятся насекомыми. Мучнистая роса образует на поверхности листьев серовато-белый налет. Для того чтобы предупредить болезнь следует своевременно прореживать кусты, удалять отмирающие листья, в засушливую погоду нужно хорошо поливать растения. Методы борьбы с мучнистой росой - опрыскивать растения 1-% суспензией коллоидной серы, можно поливать раствором из коровьего навоза.

Если осень выдается дождливой, то растения может поразить так называемая ложная мучнистая роса (образуется белый налет на обратной стороне листьев). Методы борьбы и профилактика : своевременное прореживание, опрыскивание 0,5 % раствором бордоской жидкости.

Еще одно из распространенных грибных заболеваний -гниль корневой шейки. Заболевание возникает, если во время пересадки и обработке почвы растению нанесли раны, через которые проникает гриб. В результате нижние листья растения желтеют, корни разрушаются гнилью. Развитию болезни способствует высокая температура и влажность. Избавиться от заболевания в некоторых случаях помогает пересадка растения в другое место или поменять верхний слой почвы. Осенью необходимо выравнивать поверхность, чтобы не было застоя воды.

## Вредители

Помимо болезней большой вред дельфиниумам наносят различные вредители - слизни, личинки, гусеницы. Нематоды могут повредить корневую систему. Самый большой вред дельфиниуму вовремя его цветения наносит дельфиниумовая муха, которая откладывает яйца в бутоны цветков. В бутонах начинают появляться мелкие белые личинки, которые уничтожают пестики и тычинки. Поврежденные цветки не дают семян и быстро увядают. Для борьбы с мухой в период бутонизации рекомендуется опрыскивать цветы прометрином.

Еще одна напасть - тля. Листья пораженные тлей скручиваются и засыхают. Для борьбы с тлей рекомендуется опрыскивать отварами табачной пыли, кефиром и сбор тли вручную.

Еще один враг - земляничный клещ. При заражении растение деформируется, листья становятся хрупкими и закручиваются. Если растение сильно повреждено побеги срезают и уничтожают.

Очень большой вред дельфиниуму наносят слизни. В сырую погоду слизни могут за одну ночь уничтожить много растений. Для борьбы со слизнями вокруг растений рассыпают 5-% гранулированный метальдегид. Пользуются так же известью или суперфосфатом. Некоторые цветоводы делают ловушки из листьев капусты для слизней и затем вручную собирают слизней.

# i want morebooks!

Покупайте Ваши книги быстро и без посредников он-лайн – в одном из самых быстрорастущих книжных он-лайн магазинов! окружающей среде благодаря технологии Печати-на-Заказ.

Покупайте Ваши книги на
## www.more-books.ru

Buy your books fast and straightforward online - at one of world's fastest growing online book stores! Environmentally sound due to Print-on-Demand technologies.

Buy your books online at
## www.get-morebooks.com

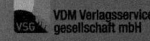

VDM Verlagsservicegesellschaft mbH
Heinrich-Böcking-Str. 6-8
D - 66121 Saarbrücken

Telefon: +49 681 3720 174
Telefax: +49 681 3720 1749

info@vdm-vsg.de
www.vdm-vsg.de

Printed by Books on Demand GmbH, Norderstedt / Germany